일본과 세계의 만남

—격동의 200년—

Japan and Its World *Two Centuries of Change*
Marius B. Jansen

한림신서 일본학총서 45

일본과 세계의 만남

—격동의 200년—

마리우스 B. 잰슨 지음 | 장화경 옮김

한림신서 일본학총서 45
일본과 세계의 만남

초판발행 ▪ 1999년 9월 7일
2판 1쇄 ▪ 2004년 11월 30일

지 은 이 ▪ 마리우스 B. 잰슨
옮 긴 이 ▪ 장화경

발 행 인 ▪ 고화숙
발 행 처 ▪ 도서출판 소화
등 록 ▪ 제13-412호
주 소 ▪ 서울시 영등포구 영등포동 94-97
전 화 ▪ 2677-5890(대표)
팩 스 ▪ 2636-6393
홈페이지 ▪ www.sowha.com

ISBN 89-8410-263-6
ISBN 89-8410-105-2 (세트)

잘못된 책은 언제나 바꾸어 드립니다.

값 6,500원

차례

머리말 · 7
I. 1770년대 유교 질서에 대한 도전 · 11
II. 세계에서 구해 온 지혜 · 61
III. 20세기 일본의 역할 모색 · 113
역자 후기 · 171
참고문헌 · 176
약력 · 182

머리말

미국 독립 200주년을 기념하는 축제를 맞아 지난 2세기 동안에 일본에서 일어났던 변화를 돌이켜볼 수 있는 기회를 갖게 되었다. 200년 전에 일본은 아주 작은 후진국이었으며, 외부 세계로부터 격리되어 있었다. 그런데 100년 후에 일본은 제도를 서양식으로 재구성하였고, 많은 지배 엘리트들을 서양에 파견하여 견문을 넓히고 다른 나라가 부국강병을 이룩한 원천적 요인을 관찰하도록 추진하였다. 1876년에 필라델피아에서 열린 미국 독립 100주년 기념 전람회에 일본은 어느 나라도 따르지 못할 만큼 규모가 크고 시선을 끄는 전시물을 출품해서 국가적으로 근대화와 국제화에 노력을 기울이고 있음을 과시하였다. 전시물의 지적 수준이 상당히 높은 것을 보고 "우리는 일본을 미개하거나 기껏해야 반개화된 정도의 나라라고 여겨 왔다. 그런데 예술을 긍지와 영광으로 삼고 선진 문명국의 최고 자랑이라고 간주하는 유럽의 최고 문명국을 일본이 압도하고 있다"고 고백하는 기록이 남아 있다. 제2차 세계대전에서 완패한 후 30년이 지난 오늘날, 일본은 세계적인 강대국 중 하나가 되었고, 몇 안 되는 산업화와 민주정치를 겸비한 사회를 이룩하였다.

200년 동안 일본의 세계 인식이 엄청나게 변했다는 것은 그다지 놀라운 일은 아니다. 다음 페이지부터는 이러한 인식의 변화에 초점을 맞출 것이다. 고립에서 벗어나서 국제적으로 중요한 존재가 된 일본의 출현은 세계사적인 사건이라고 할 수 있으며, 이는 특히 미국 역사에서도 강조될 필요가 있다. 20세기의 이러한 전화 과정은 양측의 실수와 오해로 인해 얼룩졌고 폭력으로 종종 중단되기도 했다. 같은 기간 일본 못지않게 미국도 국제적으로 중요한 존재가 되었고, 미국은 일본 못지않게 국제 사회에 대한 인식을 전환시켜 왔다.

미국의 국제 사회에 대한 인식 가운데에서도 일본에 대한 인상만큼 멋대로 변한 것도 없을 것이다. 도서관의 서가에는 친근하고 멋있고 이국적인 일본에 대하여, 확신을 가지고 소개하는 책들과 함께 공격적이고 분노에 차 있고 의심 많은 경쟁자에 대하여 경고하는 책들이 나란히 꽂혀 있다. 제2차 세계대전이 끝난 다음 일본의 군사적 공격의 위험성이 관심의 초점에서 사라져 갔고, 근면하고 무뚝뚝하고 아주 교묘한 경쟁적 경쟁자에 대한 경고로써 때때로 다시 나타나곤 한다. 정치평론가들이 그리는 일본의 이미지는 본토와 식민지를 모두 갖추지 않으면 빈곤하게 살 수밖에 없도록 운명지어진 일본의 사정을 강조하다가, 결국 근면과 소박한 생활로 살아남게 된 일본으로, 또한 고도경제성장 때문에 확실하게 세계를 이끌어 갈 일본으로 서서히 바뀌고 있다. 전후에 출간된 서적들을 보면, 일본이라는 새로운 강대국에 대해 낙관뿐만 아니라 심지어는 연약함을 표시하기 위해 꽃에 비유하기까지 하는 실망감이 뒤섞여 있다. 일본인 스스로의 자기 인식이 도취에서 침울로 바뀐

것은 그다지 놀라운 일이 아니다.

일본인의 세계관이 가지고 있는 지적 · 심리적 측면은 언론인이나 박식한 사람이 상상하는 것보다 깊은 역사적 뿌리를 가지고 있다. 나는 여러 해에 걸쳐서 이러한 시각에서 일본사를 연구하고 있다. 일본의 지적 · 심리적 뿌리는 현대 동아시아와 현대 일본을 이해하는 데 점차 중요하게 여겨진다. 최근까지 일본 사람들은 세계를 서열 체제로 보아 왔다. 일본에서는 자신들이 겪은 경험이나 일본 사회의 구조에 맞추어 외국에 대해 평가하고 중요도를 부여하는 경향이 있다. 이 강의에서 나는 아주 흥미로운 인물 몇 명의 시각과 생애를 통해 서열 구조의 변화를 살펴보고자 하였다. 최근에는 출판물과 논평이 쏟아져 나와서 이런 방법으로 토의를 진행하는 것이 보다 흥미롭게 되었다. 그럼에도 불구하고 일본 연구는 아직도 초기 단계라고 할 수 있다. 이러한 논의를 통해 다른 사람들이 이 같은 종류의 탐구가 가능하고 또 보람이 있다는 것을 알게 되었으면 좋겠다는 것이 나의 바람이다.

몇 가지의 사실들, 통계, 책 제목 등 최근에 나온 것과 출판물의 인용은 나중에 승인을 받은 것이지만, 강연의 내용은 수집된 자료들에 근거한 것이다.

한두 건의 예외를 제외하고 인용된 사항들은 참고문헌 목록에 적어 놓았다.

프린스턴에서 1979년 M. B. J.

I. 1770년대 유교 질서에 대한 도전

"일본의 200주년 기념제"라는 제목으로 이야기를 한다면, 도대체 무엇을 기념하기 위하여 이런 제목을 붙였는지를 설명할 필요가 있습니다. 미국에서는 1976년에 200주년을 기념하는 축제를 열었는데, 축제의 개최이유를 설명할 필요는 없었습니다. 1776년이 갖는 의미의 중요성이 명백했기 때문입니다. 또 몇 년 전에 일본은 메이지유신(明治維新) 100주년을 축하하였지만, 그 경우에도 1868년이 일본 역사에서 차지하는 중요성은 매우 분명하였습니다. 그러나 이제부터 제가 다루려고 하는 일본의 1770년은 다른 시대와 구별되는 명백한 정치적 사건을 하나도 찾을 수 없었습니다. 제가 1770년대를 논하는 것은 이 시기에 일본인의 세계관에 결정적인 변화가 생기기 시작했다는 것을 이야기하려는 것입니다. 보통 이런 식의 변화는 어떤 큰 정치적 사건과 반드시 관련이 있는 것은 아닙니다. 오히려 그것은 사상 · 출판계의 일련의 사건들이 쌓여서 결실을 이룬 것이고, 정치적 사건이나 변화는 그에 따른 결과라고 할 수 있습니다.

1770년대를 중시하는 사람이 저 혼자인 것은 결코 아닙니다. 가령 도널드 킨(Donald Keene)은 그 시대의 일본인에 관해서 쓴 책에서 "새로운 시대, 즉 근대적 일본이 시작되면서 당시의 일본인들 사이에는 들뜬 마음이나 왕성한 호기심, 그리고 감수성으로 가득 찬 새로운 정신이 팽배해 있었다"고 지적하였습니다. 또 최근에는 역사학자인 도쿄대학(東京大學)의 하가 도루(芳賀徹) 교수는 "1770년대 중반에 일본인의 의식, 사고 방식, 바깥 세상에 대한 인식에 아주 큰 변화가 발생했다"고 했습니다. 이와 같은 변화에는 전기(電氣)에 관한 서적의 출판, 물리학 분야에서는 전통적인 중국 학문보다 서구적 접근법을 분명히 선호하게 된 것 등이 포함되어 있습니다. 그러나 아마도 이러한 변화가 가장 상징적으로 나타난 것은 1771년에 처형된 죄인의 인체 해부에 입회한 스기타 겐파쿠(杉田玄白)의 결심일 것입니다. 아오차바바(靑茶婆)[1)]라고 불린 노파의 시체를 해부하여 내장의 배열을 본 결과, 이는 스기타가 입수한 네덜란드어로 된 해부서가 얼마나 정확한 것이고, 반대로 중국의 의학서가 얼마나 틀렸는지를 증명하는 것이었습니다. 뿐만 아니라 동양인과 서양인의 인체 구조가 다르다는 속설이 틀렸다는 것을 알게 되었고, 또 인간이 사망한 후에 신체가 경직되는 현상은 장기(臟器)의 위치가 틀어지기 때문에 생긴다는 옛날 주장도 역시 틀렸다는 것을 알게 되었습니다. 해부 현장에서 돌아오는 길에 스기타와 그의 동료들은 해부서를 일본어로 번역할 것을 맹세하고 앞으로는 관찰과 실험을 토대로 사실을 탐구해 가기로 결의했습니다. 스기타와 그의 동료들은 고심을 거듭한 끝에 번역을 완성하여

1) 아오차바바란 얼굴이 검푸른 노파를 경멸하여 일컫는 말.

1774년에 책[2]으로 간행했습니다. 이 책의 출판으로 일본에서 서양 서적의 번역 시대가 개막되었습니다. 그 다음해에 스기타는 문답 형식으로 된 『광의(狂醫)의 말』이라는 책을 저술하였는데, 중국의 문화적 전통 전체를 통렬하게 비판하는 내용이 주를 이루었습니다.

이것은 일본인의 세계관에 심오한 영향을 끼친 사건이었습니다. 스기타와 그의 동료가 일으킨 운동은 종래의 세계관이 붕괴되는 것을 상징할 뿐만 아니라 그러한 붕괴를 야기한 매개의 구실도 했습니다.

왜 그렇게 되었는가, 그리고 그 결과로 어떤 변화가 일어났는가를 밝히기 위해서는 그때까지의 일본인의 전통적 세계관에 관해서, 특히 매우 긴 세월 동안 일본과 중국을 연결시켜 온 유대 관계에 관해서 먼저 살펴볼 필요가 있습니다.

1. 중국이라는 거인

일본이 중국 문화의 궤도상에 놓여 있었다고 보는 것은 옳은 시각이라고 할 수 있습니다. 중국은 일본어의 표기법을 위시하여 문학, 철학, 사상, 사법과 행정 제도 등에 담긴 문화적 가치 체계의 원

2) 이 책은 일본 역사상 최초의 서양 해부서적 번역본으로 제목은 『해체신서(解體新書)』이다. 4권의 본문과 1권의 해부도로 구성되어 있다.

천이었습니다. 중국의 문명은 일본이 아직 미개 상태로 통일이 이루어지지 않았던 시기에 유입되어 일본 문화가 형성되는 아주 초기부터 영향을 끼쳤습니다. 더욱이 중국은 불교를 일본에 전했고, 일본인의 종교적 가치관이 형성되는 과정과 일본 내에서 여러 종파의 불교가 발달하도록 촉진시킨 경로이기도 했습니다. 불교의 발생지는 인도이지만, 불교 신앙의 구체적인 표현과 조직화는 중국에서 이루어졌습니다. 따라서 일본은 중국으로부터 대단히 큰 은혜를 입었고, 또 일본인과 중국 문화 질서의 관계는 독특하다고 할 수 있을 것입니다. 라이샤워(E. O. Reischauer)를 비롯한 많은 학자들은 일본이 가까운 주변의 여러 나라로부터 받은 문화적 은혜가 다른 나라들에 비해서 그다지 큰 것은 아니었다고 지적하고 있습니다. 그것은 사실이었습니다. 문화 차용(借用)은 어느 나라의 경우에서나 볼 수 있는 것이고, 일본의 문화 차용을 특별한 것으로 강조하는 것은 잘못이라고 라이샤워는 논합니다. 또한 최근에는 일본의 선사 시대에 관한 연구가 많이 진전되어서 종래보다는 폭넓은 관점에서 고대 일본의 문화 차용을 파악할 수 있게 된 것도 사실입니다. 선사 시대의 일본에는 종래 생각했던 것 이상의 문화가 존재하고 있었습니다. 일찍이 일본이 대륙과 육지로 연결되어 있었을 때는 역사적 자료에 나타난 것보다 훨씬 많이 일본이 대륙과 왕래를 하였을 것입니다. 일본은 고대 대륙 문화의 단순한 수혜자에 머물러 있지 않았고 참여자이기도 했습니다. 탄소 연대 측정이 가능해진 이래 일본 열도에 고대 문명이 존재했었다는 것을 표시하는 경계선이 상당히 위로 거슬러 올라갈 수 있게 되었습니다. 예를 든다면 일본에서는 태고적부터 계속 발전해 온 세계 최고의 토기 문화가 있었다는 것이 판명되었습니다. 역사 시대에 들어와서도 중국 대륙의 영향은 그다지 큰 것은 아니었습니다. 따라서 상고 시대에 대륙의 문화나 제도를 선택하거나 수정하여 수용했다고 하더라도 그것은 대단한 의미를 가지는 것은 아니었습니다. 예로부터 내려오는 일본의 사회적 · 문화적 가치 체계의 특성이 뚜렷한 기본을 형성하면서 유지되었던 것입니다.

그럼에도 불구하고 일본과 중국의 긴밀하고도 영속적인 관계는 매우 독특한 것이라고 생각합니다. 그 독특함은 여러 가지 이유에 근거한 것인데, 그중 몇 가지는 일본보다는 중국과 관련있는 것이었습니다. 어떻게 해서 그렇게 되었는가에 대해서 상관 관계가 있는 여섯 개의 요소를 지적하고자 합니다.

첫째, 일본은 대륙으로부터 독립되어 있는 섬나라라는 점입니다. 일본은 외부 세계의 영향력 있는 원천에서 멀리 떨어진 곳에 위치해 있었습니다. 이것은 다른 어떤 나라의 경우보다 명백했습니다. 쓰시마(對馬) 해협은 가끔 도버 해협과 비교되곤 하는데, 이 같은 비교는 양자의 차이를 한층 더 돋보이게 할 뿐입니다. 쓰시마 해협의 자연적 조건은 해풍 · 해류 · 지리 · 거리 등 모든 점에서 대륙과 접촉을 시도하려는 강한 목적 의식이 없다면 일본을 고립된 상태로 머물게 하는 요인으로 작용했던 것입니다. 일본 사람이 쓰시마 해협을 헤엄쳐서 한반도로 건너갔다고는 생각되지 않습니다.

16세기에 포르투갈인이 일본에 온 것도 폭풍에 의한 표류라는 우연에 기인한 것이었습니다. 일본이 섬나라로 대륙에서 고립되어 있다는 사실은 오히려 중국과의 연결이나 중국 문물의 수입을 일본인에게 강하게 의식시키는 결과를 초래하였습니다. 중국에서 온 물건, 즉 '가라모노(唐物)'는 일본의 문물과는 분명히 달라서 쉽게 식별되는 것이었고, 또 그 연장선에 18세기의 국학자 모토오리 노리나가(本居宣長)[3]가 비판했던 '가라고코로(唐心)', 즉 중국의 정신이라는 것이 있었습니다. 이렇게 하여 의학 · 회화시 · 산문 등에서도 각각 한방의(漢方醫) · 한화(漢畵) · 한시(漢詩) · 한문(漢文)식으로 중국에 기원을 둔 문물이 다방면으로 수용되었습니다.

둘째, 근대화 과정에서 중국이 일본의 유일한 외적 영향력이었다는 점입니다. 물론 조선이 통로 역할을 많이 했지만, 그것은 어디까지나 중국의 문화를 담는 그릇의 역할에 머물렀다고 볼 수 있습니다. 불교의 전래로 인도의 존재에 대한 관심도 싹텄지만 일본인에게 인도는 근대에 이르기까지 너무나 먼 곳이었고, 불교는 중국

3) 모토오리 노리나가(1730~1801)는 에도(江戶) 중기의 저명한 국학자이다. 교토(京都)에 올라와서 의학 수업을 하면서 『겐지모노가타리(源氏物語)』를 연구하였다. 예로부터 내려오는 일본의 정신문화인 고도(古道)를 30여 년간 연구하여 『고사기전(古事記傳)』을 완성하였다. 유교와 불교를 배척하고 고도로 되돌아가야 한다고 주장하였다. 일본적 정서에 초점을 맞춘 특유의 문학 평론을 전개하였고, 조사인 'てにをは' 활용 등의 연구에도 큰 기여를 하였다.

어 번역을 통해서 일본에 들어왔습니다. 즉 그 당시 일본의 대외 접촉은 너무나 제한된 것이어서, '중국이냐' 아니면 '아무런 접촉도 하지 않느냐'로 표현될 수밖에 없는 것이었습니다. 일본은 중국이라는 문화권의 주변 궤도상에 놓여 있었고, 그 궤도 저편에는 아무것도 존재하지 않았던 것입니다.

셋째, 중국 모델이 영속성을 가졌다는 점입니다. 근대 유럽에 영향을 끼친 팔레스타인 문명이나 그리스·로마 문명 등과는 달리, 중국은 일본에 계속적이고도 강력한 힘을 행사해 왔던 것입니다. 일본에게 중국은 르네상스기의 이탈리아와 18세기의 프랑스를 하나로 합한 것 같은 강력한 고전 문화였습니다. 당시에 중국은 유일한 문화적 거인이었으며, 그것도 영속성을 가진 거인이었습니다. 영국은 위대한 로마 문화의 계승자이고, 러시아는 멸망해 버린 비잔틴 문화의 유산 계승자였다고 할 수 있을지 모릅니다. 그러나 살아 있는 중국은 언제나 중국의 유산을 스스로 계승해 온 거인이었습니다.

넷째, 중국은 일본에게 아주 특수한 모델을 제공했습니다. 중국이 자신을 일본에 강요하는 노력을 하지 않았다는 점입니다. 중국은 일본에게 강요를 할 필요가 전혀 없었기 때문입니다. 이와 같이 중국이 극히 비확대주의적이었기 때문에 일본은 중국의 문물을 취사선택하여 차용하는 것이 어렵지 않았습니다. 반면, 중국 문화를 도입하는 노력은 일본측의 적극적인 주도로 이루어지게 되었습니다. 그리고 도입의 통로는 길었고 위험스럽기도 하였고 게다가 언제나 많은 경제적 대가를 치렀기 때문에, 중국 문명을 도입하려는 노력에는 조직과 결의가 필요했습니다. 대륙으로부터의 유일한 침공은 13세기에 있었는데, 그것은 몽골에 의해서였습니다. 몽골이 대륙을 정복하던 시대, 대륙에서 온 불교 승려가 선(禪)을 전해 주었고, 또 만주 왕조 초기에는 많은 유학자가 일본에 건너왔습니다. 그러나 당시의 정치적 상황에 비추어 보면, 몽골족이나 만주족이 중국을 지배하고 있어서 불안정한 중국의 내정을 피하기 위하여 이들이 일본에 오게 되었던 것입니다. 이것은 매우 이례적인 일이었습니다. 명나라 왕조의 초대 황제부터 말기의 지도자에 이르기까지 일본에 대해 중국이 취한 보다 일반적인 태도는 일본인의 행동에 대한 불평과 일본 문화에 대한 무관심이 뒤섞인 것이었다고 할 수 있습니다.

다섯째, 일본과 중국의 접촉은 단속적이었다는 점입니다. 일본의 지도자들은 필요할 때만 중국과 접촉을 추진하였고, 그런 다음에는 일본의 고유한 문화를 강조하는 분위기가 조성되어서 중국과의 접촉은 중단되는 것이 통례였습니다. 7세기에서 9세기에 이르는 약 300년 동안은 중국과의 접촉이 적극적으로 추진되었으나, 그 후에는 다시 관심이 약화되어 14세기에는 상인이나 승려의 교류도 거의 단절되고 말았습니다. 또 15, 6세기에 있었던 공식 사절단의 파견도 1644년에 만주족에 의해 청나라 왕조가 성립되면서 종지부를 찍게 되었습니다. 그 후 근대에 이르기까지 중국과의 접촉은 상인들의 소규모 왕래로 맥이 이어지는 정도에 지나지 않았습니다. 이와 같이 집중적으로 중국 문화를 도입한 후에는 일본의 전통 문화를 부활시키려는 움직임이 일어나서 일본이란 무엇인가 또한 중국이란 무엇인가를 정의하려는 시도가 있어 왔던 것입니다. 이러한 사정에 비추어 보면, 중국 문자를 사용하여 씌어진 최초의 문헌이 천황의 신격성을 선언하는 일본의 신화 『고사기(古事記)』[4)]였다는 것, 그리고 중국어식 한자 읽기를 사용한 최초의 합성어가 '신도(神道)'라는 말이었다는 것은 아주 적절한 것이었습니다. 이렇게 하여 중국은 일본의 자기 인식의 형성을 도와주었습니다. 그러나 일본의 고립은 점차적으로 중국 문화의 차용과 동화를 가능하게 했습니다. 그래서 화혼(和魂), 즉 일본인의 고유 정신에 중국의 정신을 가미할 수 있게 되어 일본의 근대적 신도는 중국의 노자나 도교의 영향을 받기도 했습니다.

여섯째, 중국은 중국적인 것을 지리적이나 인종적 관점에서보다 오히려 문화적으로 인식했기 때문에, 일본의 지식인들은 중국의 문화적 가치에는 국경을 넘어선 보편성이 있다고 의식하였습니다. 그래서 일본의 지식인은 중국의 문화 체계에 완전히 참여할 수 있었던 것입니다. 놀랍게도 20세기인 오늘날에도 일본에서는 대중소

---

4) 『고사기』는 일본의 고대국가 건설이 일단락된 712년에 천황의 혈통을 명확히 한다는 정치적 목적으로 편찬된 최초의 역사책이다. 황실의 연대기와 계보 및 설화가 수록되어 있는데, 상권은 신통보(神統譜)와 신화, 중권은 영웅설화와 역사적 인물의 서술, 하권은 천황의 계보를 서술하는 것으로 구성되어 있다.

설을 읽는 데도 중국의 역사나 시, 산문 등을 상당히 알아야 이해할 수 있을 정도입니다. 일본인과 중국인은 공통 언어가 없음에도 불구하고 종이에 문자를 적어서 주고받는 필담으로 어느 정도까지는 의사 소통이 가능합니다. 이와 같은 의사 소통 방법은 현재에는 거의 볼 수 없게 되었지만, 1972년에 다나카(田中) 수상이 자신이 한문으로 쓴 시를 모택동에게 선물로 보냈고 모택동은 굴원(屈原)[5]의 저서 몇 권을 답례로 증정한 적이 있습니다.

이러한 것들은 모두 일본과 중국이 아주 특별한 관계였다는 것을 말해 주고 있습니다. 이러한 특수한 관계를 인정하려 하지 않는 사람들의 경우에도 일본인이 중국에 대해 이율배반적 감정을 품어 왔다는 것을 밝히는 것은 일본과 중국의 특별한 관계를 한층 두드러지게 하는 결과가 되기도 합니다. 일본은 중국 문화의 궤도상에 있으면서도, 종교 · 시 · 미술 등에 한정하여 중국 문화를 수용하였습니다. 정치 제도나 사회 제도의 경우에는 중국의 모델은 단기간 내에 일본 고유의 인식에 따라 수정되어 버렸습니다.

정치적으로 일본이 중국 질서의 궤도상에 놓였던 적은 한 번도 없었습니다. 일본의 지도자들은 중국이 이웃 나라들에게 기대한 것과 같은 위성국 상태를 용납한 적은 결코 없었습니다. 일본과 중

5) 굴원(기원전 340~278)은 중국 전국 시대 초나라의 충신이자 시인이다. 초나라의 왕족으로 태어나서 왕의 측근으로 활약하다가 모략을 당하여 실각하였다. 나라를 걱정하는 마음을 노래한 자전적 서사시 「이소(離騷)」를 비롯한 가요를 통하여 초사 문학(楚辭文學)을 집대성하였다.

국 사이의 국서 교환은 7세기에 시작되었는데, 수나라의 조정에 보냈던 일본의 국서는 너무나도 거만한 어조로 씌어진 것이어서 중국에서는 일본이 아직도 문화적으로 야만 상태에 있다는 것을 나타내는 증거라고 해석할 정도였습니다(이 같은 사례를 들어 본다면, 12세기 후에 미국이 청나라의 황제에게 보낸 최초의 국서의 경우도 마찬가지였습니다. 미국의 국서는 인디언 추장과의 의사 소통을 상정한 어투로 초안된 것이었습니다). 중국 조정에 보낸 일본 사절에 관한 문헌에는 그들이 중국에서 체험한 불쾌함과 때로는 매우 위험한 상황에서 중국의 건방진 태도를 오히려 난처하게 만든 용기를 표현하는 이야기가 많이 나옵니다(일본인 사절단은 넘치는 용기로 요술과 같은 재주를 부렸다는 식의 허황된 기록으로 남아 있는 것이 많았습니다). 당나라의 시인 백낙천(白樂天)[6]은 일본인에게 아주 인기 있는 시인이었습니다. 그의 작품은 일본에서 오랫동안 한시의 모범이었습니다. 이런 백낙천조차도 일본인이 중국 문화에 대해 품고 있던 숭배와 반발이라는 이율배반적인 감정을 나타내는 데 이용되었습니다. 15세기에 씌어진 전통 연극 노(能)[7]의 작품인 『백낙

6) 백낙천(772~846)은 중국 당나라 시대의 대표적인 시인이다. 본명은 백거이(白居易). 비교적 순탄한 관료 생활을 하였고, 형부상서(刑部尙書)로 은퇴하였다. 정치적 포부를 반영한 대중적인 작품인 '장한가(長恨歌)', '비파행(琵琶行)' 등은 지식인을 물론 서민들 사이에서도 널리 애송되었다.

7) 노는 일본의 전통 예능 중의 하나로 가마쿠라(鎌倉) 시대에 만들어진 가무극이다.

천』을 보면, 백낙천은 문화적으로 일본을 굴복시키라는 당나라 황제의 명령을 받고 일본에 건너옵니다. 그런데 그가 규슈(九州)의 해변에서 만난 일본인은 다른 사람의 흉내를 잘 내는 유순한 인종이 아니고 늙은 어부였습니다. 그 어부는 백낙천과 시로 문답을 나누는데, 이것은 엘리트들만이 시 쓰는 것을 즐기는 중국과는 달리 일본에서는 누구나 다 시를 읊는다는 것을 백낙천에게 일깨워 주었습니다. 그리고 어부는 끝부분의 춤에서 와카(和歌)의 신(神), 수미요시노가미(住吉神)라고 자신의 정체를 밝히고 소맷자락으로 바람을 일으켜서 백낙천의 배를 날려서 중국땅으로 돌려보내 버렸습니다.

일본은 어떠한 경우에도 중국이 조공을 바치는 나라에게 기대한 일종의 예의적 복종을 감수한 적이 없었습니다. 그 이유는 신사(神社)나 여러 신들과 특별한 관계를 맺고 있는 천황이 수행하는 종교적 역할이 있었기 때문이었을 것입니다. 15세기에 일부의 쇼군(將軍)들이 이러한 일본의 원칙에서 일시적으로 벗어난 것은 예외적인 것이었고, 일본의 지도자들은 중국의 속국이라고 여겨지는 호칭을 사용하면서 중국 조정과 접촉한 적은 없었습니다. 오히려 16세기에 일본 국내의 재통일을 완수한 도요토미 히데요시(豊臣秀吉)[8)]는 대륙 정복을 통해 스스로의 정통성을 구하려 했습니다. 그

8) 도요토미 히데요시(1536~1598)는 전국 시대의 무장이다. 원래의 성은 기노시타(木下)였는데 나중에 도요토미(豊臣)라는 성으로 개칭하였다. 주변의 영주들을 항복시켜서 통일을 이루었다. 해외 침략의 야심을 품고 조선에 파병하여 임진왜란을 일으켰으나 뜻을 이루지 못했다.

의 경우 명나라 황제에게 복종하는 사태에 빠지지 않으면서 천황으로부터 독립을 쟁취하기 위해서는 중국 대륙을 정복하는 길밖에는 없었는지도 모릅니다. 그러나 명나라의 군대가 조선 편을 들어서 히데요시의 대륙 정복 계획은 좌절되었고, 그 후 얼마 지나지 않아 히데요시의 국내 패권 자체도 붕괴되었습니다.

2. 도쿠가와 시대 중국의 영향

이상은 모두 잘 알려져 있는 사실입니다. 그러나 본 강연의 주제를 다루려면 1770년대로 시선을 돌려야만 하는데, 그전에 이제부터 살펴볼 변화가 발생한 시기인 17세기와 18세기의 상황에 대해 약간 언급해 둘 필요가 있습니다.

도쿠가와(德川) 시대의 지배자들은 1600년에 정권을 확립하고 끝까지 항거하는 반대자들을 1615년에 모두 굴복시켜 버렸습니다. 정권의 정통성을 대륙 정복에서 구했던 히데요시와는 달리, 도쿠가와 지배자들은 스스로의 지배력을 지키는 최선의 방법이 쇄국정책이라고 생각했습니다. 나의 동료의 표현에 의하면, 도쿠가와 지배자들은 자주독립주의를 선택했던 것입니다.

도쿠가와 막부(幕府)의 주요 관심은 국내의 안정과 안전을 유지하는 것이었습니다. 도쿠가와 지도자는 1세기 이상 계속된 전국(戰國) 시대의 다이묘(大名)들 사이의 패권 싸움에서 승리를 거머쥐었는데, 이는 외국으로부터 물자나 무기의 공급을 제한하지 않는다면 다시 전쟁이 일어나고 세상이 어지럽게 될 가능성이 있다는 것을 말해 주었습니다. 일본의 상인이나 해외 이주자(그중에는 국내의 전란을 피하여 나간 망명자도 포함되어 있었다)는 동남아시아 일대에 퍼져 있었고, 해외 교역이 확대된다면 일본의 식민지가 생길 가능성조차 보였습니다. 그러나 이와 같은 해외의 발견은 동시에 지배상의 문제나 막부에 대한 잠재적 대항 세력을 키우는 결과를 초래할 수도 있는 것이었습니다. 히데요시의 조선 침략의 경험은 일본의 조건에 의해 국제주의를 실현하려는 노력에는 커다란 난관이 있다는 것을 여실히 보여 주는 것이었습니다. 국제주의가 중국을 인정한다는 조건하에서만 가능하다는 것은 도쿠가와 시대에 들어와서도 변하지 않았습니다. 이 점에 대해서는 도쿠가와 초기에도 고려되었지만, 쇼군의 참모들은 일본의 주권 및 쇼군 지배의 정통성과 중국을 인정한다는 조건을 부합시키는 방법은 없다는 결론을 내렸던 것입니다. 외국과의 교역을 최소한으로 제한하고 나머지를 완전히 지배하는 것이 가장 현명한 방법이 되었던 것입니다.

1630년대에 들어서서 국가에서 해외 교역을 패쇄함으로써 도쿠가와 지배의 정통성을 확립하는 것이 가능해졌습니다. 100년 전에 처음으로 일본에 건너왔던 가톨릭 선교사들이 지방의 다이묘에게 신앙을 갖게 한 것은 외국 세력에 의해 국가가 전복될 가능성을 나타내는 것이었습니다. 외국에서 들어온 총을 국내에서 생산하게 된 것은 국내의 통일을 촉진하는 커다란 요인이 되었습니다. 그러나 일단 평화가 확립되면 총은 평화를 어지럽히고 칼로 상징되는 사무라이(武士) 계급의 지위와 우월성을 위협하는 것이 되어 버렸습니다. 1637년에 일어난 반란[9]은 그리스도교도의 반항이기도 했습니다. 막부는 지방 다이묘의 병력을 동원하여 이 반란을 진압한 다음, 전국에 그리스도교 금지령을 내렸습니다. 이 금지령은 막부가 전국의 각 번(藩)의 내정을 간섭할 수 있는 가장 좋은 수단이 되었던 것입니다.

한동안 도쿠가와 막부는 쇄국령을 발동하고 해외에 대한 관심을 버렸습니다. 쇄국령은 '다른 나라에 배를 파견하는 것'을 엄하게 금하고 "비밀리에 해외로 도항을 하려는 사람이나 해외에서 거주하다가 귀국하려는 일본인은 사형에 처한다"는 것을 명확하게 선언하였습니다. 그리스도교에 대하여 혹독한 탄압을 가한 결과, 일본의 그리스도교도는 해외로 추방되거나 지하에 숨어 버려서 거의 자취가 없어져 버렸습니다. 1870년대까지 전국의 마을 공공게시판에는 예수를 믿는 것을 금지하고 예수쟁이를 고발하는 사람에게는 상을 주고 이를 권장한다는 취지가 명시되어 있었습니다. 강제로 절에 불교신자로 등록시키는 제도가 확립되자, 그리스도교 금지령은 한층 효과적으로 실시되었습니다.

그 당시인 1644년에 만주족이 중국 통일을 완성하는 커다란 변

9) 1637년에서 다음해에 걸쳐서 규슈(九州) 남부에서 일어난 '시마바라(島原)의 난'을 가리킨다. 기근이 발생했는데도 영주들이 가혹하게 연공을 부과하고 그리스도교를 탄압한 데 대해 농민들이 저항한 봉기이다.

화가 발생했는데, 이에 따라 대외 접촉을 포기하는 도쿠가와 막부의 정책은 더욱 용이하게 수행되었습니다. 중국이 청나라에 의해 통일된 것은 강대한 정치 권력에 의한 전국 지배의 시대를 여는 것을 의미했습니다. 청나라의 지배가 예전에 중국 세력권 내에 들어간 적이 없는 영역까지 미치게 되어, 중국의 국경선은 서쪽과 북쪽으로 크게 확대되었습니다. 변경 영역의 이단자를 효과적으로 진압할 수 있게 되었습니다. 그러나 대륙 연안에서는 상인의 해외 교역 활동이나 독립성이 강한 지방 권력이 존재하였습니다. 사적인 해외 교역이 도쿠가와 정권에게 외부적 위협으로 느껴지게 된 것과 마찬가지로, 상인과 지방 권력은 베이징 정권을 위협하는 요소로 여겨지게 되었습니다. 청나라가 대륙의 남부 연안을 지배하게 되기까지는 반세기나 걸렸고, 1683년이 되어서야 타이완을 획득했습니다. 그 이전에는 중국 연안을 폐쇄한 적도 있고, 연안 지역에서 철수해 버린 시기도 있었습니다. 일본의 상인과 왜구들은 쇄국에 이르기까지의 2세기 이상에 걸쳐서 중국 연안을 빈번하게 왕래하였고, 또 중국 상인들도 도처에 출몰하고 있었습니다. 그러나 일본이 쇄국을 실행하고 한편 청나라 정권의 지배가 대륙 연안에까지 미치게 되자, 일본과 중국의 이 같은 접촉 유형은 없어졌습니다. 도쿠가와 막부는 청나라 조정의 번성이 동아시아의 안정을 위협할 것이라고 내다보았지만, 이를 제압할 힘이 없으므로 문제를 모른 척하는 방법을 선택했습니다. 또한 청나라 조정의 지도자들도 일본에 대해 같은 방법을 택했던 것입니다. 그래서 아주 적은 수의 중국 상인들이 소규모의 교역을 하는 정도가 계속되었을 뿐이었습니다. 중국 상인은 막부의 감시하에 나가사키(長崎)에 거주하는 것을 허락받았는데, 그중에는 청나라에 패망한 명나라의 망명자들도 섞여 있었습니다.

이렇게 하여 18세기가 될 때까지 일본의 중국에 대한 이미지 혹은 보다 큰 세계에 대한 이미지는 종래와는 달리 복잡한 것이 되었습니다. 중국의 서적은 일본에서 가장 고전적인 학문의 수단이라는 역할을 해 왔지만, 중국이라는 나라 자체는 일본에게 비우호적인 야만인이 지배하게 되었다고 일본인은 생각했습니다. 나가사키에 오는 중국 상인이 가져온 물건들과 함께 수입된 한서 중에는 과학에 관한 서적도 있었는데, 모든 서적은 그리스도교에 오염되어 있는지를 점검받아야 했습니다. 그 이유는 중국에는 18세기까지 그리스도교 선교사가 있었고 그들이 서구 양학에 관한 책을 번역하였고 가르친 것이 한서에 반영되어 있었기 때문이었습니다. 천주교 신자인 포르투갈인을 추방한 후에도 개신교 신자인 네덜란드인은 나가사키에서 교역하는 것을 허락받았습니다. 그러나 그들은 그리스도교를 일본 국내에 퍼뜨리는 것을 막기 위해 격리되었고, 일본인과 자유롭게 만나는 것도 허락받지 못했습니다. 다시 말해서, 그 시기에 일본인의 중국 및 서양에 대한 태도는 이전보다 훨씬 더 엄격하였고 또 이율배반적인 것이었습니다. 그 시대에 대해서는 학문적으로는 아직도 해명되지 않은 점이 많이 남아 있어서 연구하기에 어려운 점이 있긴 하지만 동시에 학자에게는 아주 매혹적인 분야이기도 합니다.

도쿠가와 지도자가 채택한 가혹한 대외 폐쇄 정책은 소기의 목적을 달성하는 데 성공하였고, 일본은 2세기 이상에 걸쳐서 평화와 안정을 향유하였습니다. 장기간에 걸쳐서 평화와 질서가 유지되면서 1600년경까지 아주 전투적이었던 무사 계급을 책임감 있는 문민적 관료로 양성하는 사상과 제도가 발전하였고, 항구적인 군사 정권으로 정착되려 했던 막부 체제는 문민적인 관료에 의해 지배당하게 되었습니다. 도쿠가와 시대에는 평화 유지를 위한 여러 제도가 발달하였고, 교육이 활발히 행해져서 이전에는 극히 일부의 엘리트 계급에 한정되었던 읽고 쓰는 능력과 문화는 전국의 서민층에까지 넓게 침투하였습니다.

도쿠가와 시대의 특징 중 하나는 중국 문학의 전통이 그 어느 때보다 중시되었다는 것입니다. 그 결과 일본인은 중국 자체와 중국의 문화를 구별할 수 있게 되었고, 또한 구별할 필요가 있었습니다. 국가로서의 중국은 수세기 전에 몽골의 지배에 굴복한 것과 같이 이번에는 만주족의 지배를 받는 처지가 된 나라였습니다. 그러나 이번에는 중국의 이러한 현실에 대한 일본인의 자각은 일본 사회의 내부 변화 때문에 더욱 크게 확대되었고 더욱 강해지게 되었습니다. 중국 국내에서는 검열을 실시하였기 때문에 만주족에 의한 중국 정복의 기억은 희미해져 버렸지만, 일본에서는 그 기억이 한서나 명나라의 망명자 등을 통해서 뿌리깊게 계속 존재했던 것입니다.

한편 그 시대만큼 일본인들 사이에서 중국 문명 숭배가 강했던 적도 없었습니다. 교육이 보급되면서 일본인은 유교의 가르침에 대한 경의를 새롭게 하였고, 한층 심화시켰습니다. 유교는 봉건적 권위에 의해 설립된 공적 교육기관에 한정되지 않고 지방도시에 번창했던 사설 글방 등에서도 엘리트 교육을 위한 주요 과목이 되었습니다. 그림을 그리는 가노파(狩野派)[10] 화가들은 중국의 성인이나 여행자의 모습을 그림의 소재로 즐겨 삼았고, 유력한 아마추어 화가 그룹이었던 문인화파 화가들은 명나라 후기의 중국 지식인들의 의복을 모방하기도 하였습니다. 한시를 많이 지었고 중국문화를 숭배하는 경향은 매우 뚜렷했습니다. 일본의 유학자들의 대부분은 자신들이 중국 문화권의 변두리에 놓인 불행한 처지를 한탄하는 내용의 시나 글을 한문으로 쓰고, 이런 것들을 뛰어난 작품이라고 자부하였습니다. 이와 같은 유학자들 중에서 가장 빼어난 사람 중 하나였던 오규 소라이(荻生苑徠)[11]는 자신을 '일본국 오랑캐'라고 할 정도였습니다. 18세기 초기의 주자학자이면서 정치지도자이기도 했던 아라이 하쿠세키(新井白石)[12]는 도쿠가와 일본

10) 가노파(狩野派)란 수묵화가로는 처음으로 막부의 어용 화가가 된 가노 마사노부(狩野正信, 1434~1530)를 시조로 하는 화가의 계보를 일컫는다. 무로마치(室町) 후기부터 에도 시대를 걸쳐서 무가(武家)의 어용 화가로 번성하였다.

11) 오규 소라이(1666~1728)는 에도 중기의 유학자이다. 처음에는 주자학을 공부하였으나, 고문사학(古文辭學)을 창시하고 많은 저술을 남겼다.

12) 아라이 하쿠세키(1657~1725)는 에도 중기의 유학자이며 정치가이다. 제

의 우월 의식과 그 자신이 중국 문화에 대하여 품고 있던 개인적인 동경을 교묘하게 조화시키는 균형된 감각을 가진 인물이었습니다. 그는 쇼군이 조선과 교신할 때 '일본국왕'이라는 칭호를 사용하기를 요망했고, 또 일본이 예로부터 유서깊은 나라라는 것을 나타내기 위해 고대 의식을 제도화하기도 하였습니다. 반면, 그는 청나라에 보내는 류큐(琉球)[13]의 사절을 통해 자작 한시집에 베이징(北京)의 이름높은 학자에게 서문을 써달라고 부탁하기도 하였습니다.

일본의 유학자에게 이러한 입장만 있었던 것은 아니었습니다. 내용은 따르지 않고 중국의 형식만을 모방하는 태도를 취했던 유학자들도 있었습니다. 이러한 사람들은 역으로 중국을 변두리의 야만적인 국가로 보고 일본이야말로 문명의 중심이라고 생각했습니다. 그들의 입장에서는 이상(理想)으로서의 중국과 중국의 역사적 현실을 구별할 필요가 있었습니다. 이상으로서의 중국은 의문의 여지 없이 문명 그 자체를 상징하는 존재였습니다. 그렇지만 현실적인 중국의 역사에는 중대한 결함이 인정되었던 것입니다. 가령 오규 소라이는 중국 성인(聖人)의 고전적 전통에 대해서는 경외

6대 쇼군인 도쿠가와 이에노부(德川家宣)의 집권기에 막부의 유관(儒官)을 지냈다. 막부의 정치에 참여하여 부패정치를 척결하였다. 조선 통신사의 응대를 변경하고, 화폐 제도 및 외국 무역을 개혁하였다. 공무에 관한 비망록 등 여러 권의 저술을 남겼다.

13) 류큐는 15세기 이후에는 중국과 일본 양쪽에 속해 있었는데, 17세기 초에 시마즈(島津)라는 사람이 정복하였다. 메이지유신 후에 류큐번이 설치되었고, 현재는 오키나와(沖繩)현이 되었다.

감을 가지고 이를 수용하였는데, 후세의 유교 사상의 경향에 대해서는 반발하고 거부하는 태도를 보이고 있습니다. 오규 소라이와 그의 제자들은 중국이 봉건제에서 황제에 의한 중앙집권 지배로 발전한 나라인 데 비해 일본의 경우에는 역의 방향으로, 즉 고대 천황제에서 당시의 봉건 분할 지배 체제로 이행했다는 견해를 갖고 있었습니다. 각각의 사고 방식에 나름대로의 정당성이 있었다고 할 수 있습니다. 아라이 하쿠세키의 경우에는 문학면에서 선배인 중국을 인정하여 자신을 낮추는 데에 인색하지는 않았으나, 정치적 우월성은 일본 및 일본의 지도자에게 귀착된다고 생각하는 데에 아무런 의문을 느끼지 않았습니다. 주자학자인 야마자키 안사이(山崎闇齊)[14]는 만약 일본이 공자가 이끄는 중국 군대의 공격을 받게 된다면 유학자는 어떻게 해야 하는가라는 질문을 제자에게서 받았습니다. 이 질문에 그는 대항하여 싸우는 것이 마땅하며, 공자라도 그렇게 할 것이라고 대답했습니다.

유학의 조류는 실로 폭 넓고 다양한 교양을 포함한 것이었습니다. 그러나 도쿠가와 후기에는 해석의 다양성을 제한하고 유일한 정통 해석을 확립하려고 노력하였습니다. 중국의 경우에는 정통학파의 확립을 가능하게 했던 황제지상주의와 관리 등용 시험제도가

---

14) 야마자키 안사이(1686~1682)는 에도 시대 전기의 유학자이다. 처음에는 승려였는데 주자학을 공부하였다. 교토(京都)에서 서당을 열었는데, 제자가 수천 명에 달하였다. 그 후에 신도(神道)에 정진하였다.

있었는데, 도쿠가와 시대의 일본에는 그와 같은 사상적 · 제한적 배경은 없었습니다. 반대로 쇼군과 번주(藩主)는 유학자들에게 조언을 구해야 했습니다. 올바른 정치란 어떤 것인가라는 질문에 대한 유학자들의 의견은 개인의 행동 양식을 엄격히 규정할 것을 주장하는 설과 직설적 · 내적 도덕성을 어느 정도 허용하게 하는 설로 나뉘었습니다. 양자는 함께 중국의 경전과 범례에 기반을 둔 견해이지만, 일본의 관료 계급 체제에 보다 융합되기 쉬웠던 것은 전자였습니다. 유학은 폭 넓은 학문이므로 세세한 가르침의 내용에 관한 합의보다는 도덕 범주에 관한 일반적인 합의 위에 성립한 학문 체계였습니다. 그러나 그 학문의 실천자인 유학자들 사이에서는 그러한 폭 넓은 유연성은 보이지 않았습니다. 엄격한 봉건사회 체제에서 신분 차별이 매우 중시되었기 때문에, 개인의 행동에 대해 규제하는 경우와 마찬가지로 하찮은 것에 대해 정의를 내리는데 편중되었고, 그런 일을 촉진했습니다. 그리고 이와 같은 경직화는 막부가 공인하는 학문이 후세의 개혁파에게 아무 쓸모없는 한학(漢學)이라고 공격받게 되는 근거를 제공하기도 했습니다.

한편으로는 스스로를 비하하는 태도로 나타나기도 할 정도로 강한 중국 문화 숭배, 다른 한편으로는 적의로 바뀔 정도의 정치적 우월감, 이 같은 이율배반적 감정의 공존은 도쿠가와 시대의 일본인이 중국에 대해 갖고 있던 태도를 특징짓는 것이었습니다. 그러나 그것은 그 시대에 새로 생긴 것은 결코 아니었습니다. 왜냐하면 이와 같은 태도는 도쿠가와 시대 이전 일본의 지도자나 사상가들

사이에도 존재하였기 때문입니다. 아마도 18세기의 새로운 측면은 이 같은 일본인의 중국에 대한 의식이 서민 문화에도 침투하여 서민의 관심을 끄는 주제가 되었다는 것입니다. 서민의 문화 의식 정도는 지식인의 경우에 비해 수준이 낮고 또 중국 문화의 은혜에 대한 의식도 그다지 강하지 않았기 때문에, 서민 의식 속에서 지배적이었던 것은 일본 문화에 대한 왕성한 자부심이었을 것입니다. 1715년에 처음으로 상연된 이래 대히트하여 유명해진 지카마쓰 몬자에몬(近松門左衛門)[15]의 작품 『고쿠센야(國性爺)의 전투』의 주인공인 고쿠센야는 중국인 아버지와 일본인 어머니 사이에서 태어났습니다. 명나라가 멸망하고 청나라의 지배가 확립되던 시기에 타이완에서 활약하는 주인공의 영웅적 행위를 칭찬하는 이야기입니다. 이 작품은 도널드 킨 교수에 의해 영어로 훌륭하게 번역되어 나와 있는데, 당시의 일본 서민의 중국관에 대하여 많은 시사점을 던져 줍니다. 작가는 엄격한 쇄국 체제라는 제약에도 불구하고 관객들의 시야가 국경을 멀리 넘어서 세계에까지 펼쳐질 것을 기대했습니다. 고쿠센야에게 매달리며 일본인 처는 '중국과 조선은 말할 것도 없고 인도나 구름의 끝까지라도 함께 데리고 가겠다는 말

---

15) 지카마쓰 몬자에몬(1653~1724)은 에도 시대에 발달한 일본 고유의 연극인 가부키(歌舞伎)의 각본을 쓴 작가이다. 교토 부근의 무사 출신으로 어렸을 때부터 문학에 심취하여 작가가 되었다. 그는 현실의 사회와 역사를 제재로 하여의리와 인정 사이에서 갈등하는 주인공을 내세운 이야기를 많이 다루었다.

을 서로 주고 받은 사이'인데, 나를 데려가지 않으려 하느냐며 남편을 책망하였습니다. 작가는 일본의 무사도 전통을 칭찬하고 만주를 정복하기 위해 출발하는 용감한 모습을 4세기에 조선을 퇴치하려고 나간 진구(神功) 황후[16]에 비유하고 있습니다. 이 이야기에서 특히 흥미로운 것은 청나라를 멸시해야 할 야만인의 나라라고 부르는 것입니다. 명나라의 충신은 덕이 있는 위대한 명나라를 야만적인 이민족의 나라 달단(韃靼)[17]과 대비시켜 "성인이 나온 이 나라 명은 곧 몽골의 땅으로 쫓겨가서 노예가 되고 말았다. 꼬리를 치고 짐승 가죽을 뒤집어쓰지 않았을 뿐 짐승 같은 노예가 되어 버렸다"는 것을 한탄합니다.

명나라를 이 같은 상태에서 구해 낼 수 있는 것은 일본인의 용기이고, 필요한 것은 고쿠센야의 선조의 위엄과 덕이었습니다. 고쿠센야는 보잘것없는 작은 나라 출신이라고 불리는 것은 이제 싫다고 분명하게 밝히는데, 아마도 이것은 관객의 기분이었을 것입

16) 진구 황후는 주아이(仲哀) 천황의 황후이다. 전해져 내려오는 천황의 계보를 기록한 『고사기』와 『일본서기(日本書記)』에 기록되어 있다. 천황이 죽은 후에 신라에 출정하였고, 쓰쿠시(筑紫)에서 오진(應神) 천황을 출산하였다. 695년간 섭정하였다고 한다.

17) 달단은 중국 당나라 때부터 청나라에 걸쳐서 중국인이 북방 또는 동북방의 이민족에게 붙였던 명칭이다. 몽골계의 유목민 부족인 타타르(Tatar)의 음역(音譯)이다. 몽골인 자신은 이 이름으로 불리는 것을 좋아하지 않아서 원나라 때는 사용하지 않았다. 명나라는 이들을 북쪽으로 쫓아내고 경멸의 의미로 원나라의 후예를 달단이라고 하였다.

니다. 달단의 적진으로 혼자서 뛰어든 고쿠센야는 "너희는 일본을 작은 나라라고 경멸한다. 그런데 이제 호랑이조차도 무서워하는 일본인의 수완을 깨달았는가?" 하고 큰 소리로 외치면서 눈깜짝할 사이에 적을 굴복시켰습니다. 고쿠센야의 비밀 무기는 일본의 여러 신들의 신통력을 비밀리에 간직한 칼이었는데, 그 위력은 너무나도 막강한 것이었기에 이것을 호랑이에게 겨누는 것은 '적절하지 않다'고 그는 생각했습니다. 그래서 그는 칼을 사용하지 않고 몸에 간직하고 있던 이세 신궁(伊勢神宮)[18]의 부적을 호랑이에게 주었습니다. 그러자 그때까지 미친 듯이 날뛰던 호랑이는 곧 귀를 내려뜨리고 슬금슬금 네 발을 오므리고 동굴 속으로 숨어 버렸습니다. 이 대목에서 "아마테라스 오미카미(天照大御神)[19]의 위엄과 덕이여, 고맙습니다"라는 대사가 들어가서 작은 나라 일본의 국위선양이라는 면목이 지켜진다는 것입니다. 드디어 고쿠센야는 남경성에서의 마지막 결전에서 적장의 목을 베게 됩니다. 그리고 이 승리는 바로 '위대한 일본 임금의 신덕(神德) · 무덕(武德) · 성덕(聖德)'에 의한 것이라고 되어 있습니다.

---

18) 이세 신궁은 미에(三重)현 이세시에 있는 황실의 종묘이다. 내궁인 고다이(皇大) 신궁과 외궁인 도요우케다이(豊受大) 신궁으로 구성되어 있다. 고다이 신궁에는 아마테라스 오미카미를 모시고, 도요우케다이 신궁에는 도요우케다이신(豊受大神)을 모신다.

19) 아마테라스 오미카미는 일본 황실의 조상신이다. 태양의 신이라고 추앙되는데, 황실과 더불어 국민 숭배의 중심이다.

연극의 과장된 표현에서 많은 것을 읽어 내려는 것은 물론 어리석은 일일 것입니다. 예전에 당나라에 파견 사절로 간 기비노 마키비(吉備眞備)[20]가 당나라의 황제를 경탄시킨 수많은 공적이 두루마리 그림의 소재가 되어 중세 일본의 귀족들에게 큰 자랑거리와 기쁨을 주었습니다. 말하자면 그것의 서민판이라는 점에서 심리적 의미가 전혀 없는 것은 아니었습니다. 만주족에 의한 중국의 정벌이 일본인의 중국에 대한 태도를 한층 복잡하게 하였던 것은 분명하였습니다. 몽골이 다시 일본에 침공해 올지도 모른다는 위험성에 대해서는 이미 17세기의 지식인들이 경고하였습니다. 이러한 북방 위협론은 1786년까지 재연되었습니다. 하야시 시헤이(林子平)[21]는 변경 정복을 완성함으로써 변경 문제를 해결한 만주족 왕조가 이번에는 일본을 침략할지도 모른다는 것을 시사하고, 그때까지 잠자고 있던 북방 위협론에 불을 붙였던 것입니다.

---

20) 기비노 마키비(695~775)는 나라(奈良) 시대의 학자이다. 마키비 지방의 호족 출신으로 717년에 견당사(遣唐使)를 따라서 유학을 갔다가 735년에 귀국하는 길에 서적 · 병기 · 기구 등을 가지고 왔다. 751년에 견당 부사(副使)로 다시 다녀온 다음, 당시 정권을 장악하고 있던 후지와라노 나카마로(藤原仲麻呂, 706~764)의 난을 진압하는 데 공을 세웠다.

21) 하야시 시헤이(1738~ 1793)는 에도 중기의 정치가이다. 나가사키에 유학하였고, 해외의 정세에 관심을 기울였다. 바다의 방어 문제에 주목하고 사람들을 각성시키려 했으나, 막부의 미움을 사서 칩거하였다.

3. 중국에 대한 거부

18세기까지는 유교 사상에 대항할 수 있는 건실한 사상 체계는 불교뿐이었습니다. 그러나 불교와 유교는 모두 중국을 통해서 일본에 들어왔기 때문에, 양자 사이에는 대립이 있다고 할지라도 중국의 학문 체계 자체의 우월성이 도전받는 일은 없었습니다. 그런데 18세기 후반이 되면, 불교와 유교를 포함해서 중국의 학문 사상 모델을 부정하는 사상가들이 일본에 출현하기 시작했습니다. 그중에서도 가장 철저한 것은 국학 운동과 결합된 학자 집단이었습니다.

18세기는 일본의 문학과 철학 사상이 커다란 발전을 이룩한 시기였습니다. 유학자들 사이에서는 유교의 주요한 원전을 후세의 해석에 얽매이지 않고 해석하려는 움직임이 고양되었습니다. 또 일본의 전통 시 연구자들 사이에서는 일본의 고전을 순수한 일본의 정서가 담겨 있는 원전이라고 인식하고 열심히 연구하는 움직임이 왕성하였습니다. 이러한 연구를 통해서 사실은 예로부터 내려오는 일본의 미의식과 가치관의 중핵을 탐구했던 것입니다. 다시 말해서 일본 고전 연구를 통해서 국민성의 중심적 요소를 속속들이 확인하고 정의내리고자 했던 것입니다. 그것은 유교의 형식과 가르침의 조항만을 중시하는 고압적이고 현학적인 세력에 대한 심리적 반발이기도 했습니다. 국학자들은 외국 고전의 준거주의로 인해 초래된 경직화 때문에 질식당하게 된 자기 나라 고전의 자유분방한 정신을 부활시키고자 했던 것입니다. 그런 의미에서는 그들은 독일 낭만주의와 마찬가지였다고 말할 수 있습니다.

예로부터 내려오는 일본의 정신은 순수하고 자연적이면서도 속박되지 않는 자유스러운 마음이고, 따라서 유교가 가르치는 도덕 규범과는 서로 대립되는 것이라고 국학자들은 주장하였습니다. "원래 정서는 순수하고 자연적인 것인데, 이것을 규칙으로 속박하거나 종교로 승화시키려고 하는 것은 부자연스럽다. 다른 나라의 가치를 척도로 한 기만과 허위는 인간의 성질과 반대되는 것이다"라고 모토오리 노리나가는 말했습니다. 그리고 인간의 소박한 정감을 노래한 일본의 옛 가락의 전통을 통해서만 어쩐지 슬프게 느껴지는 정취[22]가 가장 확실하게 표현된다고 그는 생각했습니다. 이리하여 국학자들의 길은 일본의 고전문학의 전통을 더듬어 찾으면서 중국 문화가 이입되어 일본적 정서의 순수성이 희미해져 버리기 전인 상고 시대의 일본의 가치관까지 거슬러 올라갔습니다. 그리고 고대(古代) 신도와 이세 신궁 신앙이 다시 강조되었습니다. 동시에 이것은 존황(尊皇) 사상을 강조하는 것으로 이어졌습니다. 존황 사상의 수호신은 일본에 대한 모든 도전자에 대항하여 일본의 정신 및 국가 주권의 운용 방식에서 절대 우위를 상징하는 아마

---

22) 모노노아와레(物の哀れ)란 헤이안(平安) 시대(794~1192)의 문학 및 문학을 즐긴 귀족 생활의 중심적 이념이다. 모토오리 노리나가가 『겐지모노가타리(源氏物語)』 연구에서 지적한 것인데, '모노(もの)', 즉 대상 객관과 '아와레(あはれ)', 즉 감정적 주관이 일치하는 곳에서 생기는 조화적 정취의 세계를 가리킨다.

테라스 오미카미입니다. 국학자의 문학론과 철학론에는 이따금 도교학자의 주장을 연상시키는 면이 있는데, 그것은 도교가 전통적으로 반(反)유교적 성격을 띠는 중국의 가르침이었기 때문입니다. 후세의 해석에 얽매이지 않고 원전을 엄정하게 해석하려는 점에서는 국학자도 오규 소라이 등의 유학자들과 공통적이었습니다. 그러나 고대 일본의 여러 신들과 일본적 정서가 얼마나 우수한 것인지를 역설하는 점에서는 국학자가 최초의 일본주의자였습니다.

그런 의미에서 중요한 것은 국학자 특히 모토오리 노리나가가 일본주의를 긍정함으로써 중국 및 유교를 부정하는 것을 정당화했다는 점입니다. 1771년에 스기타 겐파쿠가 에도에서 처형된 시체의 해부를 처음으로 견학하였고, 모토오리는 『나오비노미타마(直毘靈)』[23]를 저술하여 중국의 전통을 해치울 기세로 공격했습니다.

> "중국의 성인들이란 유학자들이 사람들을 감복시키고 정신을 어지럽히려고 만들어 낸 것일 뿐이다. 중국의 서적과 가르침의 의미가 언제 어디서나 통용되는 진리인 것처럼 보편화하려는 노력을 대표하는 것이 중국의 성인이다. 중국의 가르침이 어느 시대, 어느 곳에서나 통용된다는 것만큼 진실에서 동떨어진 것은 없다. 중국은 무질서와 전쟁으로 혼란스러운 나라이며, 중국의 성인은 특수한 기만술을 가장 능숙하게 사용하는 데에 성공한 패거리일

23) 『나오비노미타마』는 1771년에 씌어진 일본 국가 체제의 특색을 해설한 책이다. 모토오리가 주장한 고도설(古道說)이 골자를 이룬다.

뿐이다. 중국의 정신인 당심(唐心)은 속임수의 논의이고, 일종의 폭력이며, 지(智)와 덕(德)과는 동떨어진 것이다."

따라서 우리 나라의 학자가 이것을 진지하게 받아들이는 것은 어리석은 짓이라고 모토오리 노리나가는 주장하였습니다. 그는 『나오비노미타마』를 쓴 지 몇 년이 지난 후 『다마카쓰마(玉勝間)』[24]에서 일본인의 중국 숭배주의를 비난하는 글을 다음과 같이 적었습니다.

"유학자에게 일본에 관해 물어 보면 모른다고 말하고도 부끄러워하지 않고, 중국에 관해 물어 보면 모른다고 말하는 것을 아주 창피하게 생각하고 모르는 것도 아는 것처럼 적당히 얼버무린다. 이것은 많은 것이 서로 얽히고 설킨 나머지, 그 몸도 중국인인 듯이 행동하고, 일본에 대해서는 다른 나라의 일처럼 생각할 수도 있을 것이다. … 만일 중국인이 물어 보았을 때, '나는 당신 나라에 대해서는 잘 알고 있지만 우리 나라의 것은 모른다'고 말했다고 하자. '자기네 나라의 일조차 모르는 유학자가 어찌 다른 나라의 것을 알 수 있겠느냐?'고 중국인은 손뼉을 치면서 웃어댈 것이다."

그러나 모토오리는 자기 나라의 전통에 대하여 공부한 후에 여가가 있다면 중국의 서적을 읽는 것은 허락할 수 있고 바람직한 것

24) 『다마카쓰마』는 1793~1801년에 씌어진 모토오리 노리나가의 수필집이다. 고증 · 견문 · 담화 등으로 구성되어 있는데, 노리나가의 사고 방식을 엿볼 수 있다.

이라고 했습니다. 그렇지 않다면 중국 사상의 헛됨과 잘못을 어떻게 알게 될 수 있을 것인가? 그러나 먼저 자기 나라에 대해서 아는 것이 우선이라고 모토오리는 주장했던 것입니다.

모토오리 노리나가는 뛰어난 학자인 동시에 가공할 만한 힘을 지닌 논객이기도 했습니다. 그의 논의에서는 유학 사상은 유학자의 속임수의 소산으로 격하될 정도로 왜곡되었습니다. 그의 주요 공격 목표는 현학적인 일본의 유학자들이었습니다. 유학자 중 대다수가 모든 일에서 중국을 가장 중요하게 생각했던 것이 국학자들의 격노를 불러일으켰던 것입니다. 하루투니안(Harootunian) 교수가 강조했듯이 국학자는 중국을 하나의 나라라기보다는 오히려 하나의 가치 체계의 상징으로 간주했던 것입니다. 그리고 그들이 진정으로 문제로 삼은 것은 사상 그 자체였고, 그것이 어디에서 나왔는가는 아니었습니다. 그러나 국학자가 중국의 상징으로서 유학자를 공격 대상으로 선택한 것, 그리고 국학자의 공격에 위기감을 느낀 유학자가 반격에 나섰다는 데에는 커다란 의미가 있습니다. 이렇게 시작된 국학자와 유학자 사이의 공방은 드디어 활발한 문학 및 철학 논쟁을 일으키게 되었습니다. 그리고 양자의 논쟁이 신도의 정치화와 존황 사상의 출현에 미친 역할의 궤적을 상세하게 살펴보는 것은 너무나도 흥미깊은 일입니다. 그러나 여기에서는 중국 문화의 압도적인 우위가 언제나 일본인의 왕성한 자아 의식을 각성시켰고, 더구나 중국의 우위가 18세기 후반이 되면서 급속하게 붕괴된다는 점에 유의하는 것만으로도 충분할 것입니다. 다음에 살펴볼 스기타 겐파쿠의 시대가 되면, 중국 문화 전통 전체에 도전하는 사람들이 출현하기 시작합니다.

4. 서양 모델의 출현

국학자들은 유교의 형식주의로 굳어 버린 중국 전통을 부정하기는 했지만, 이를 대신할 만한 것은 아직 구조화되지 않은 민족주의 이외에는 아무것도 없었고, 또한 일본의 독특함과 일본의 본질을 강조하는 것이 중국 이외의 유익한 모델을 찾는 움직임으로 발전하는 모습도 아직 보이지 않았습니다. 그러나 모토오리의 주요 저작이 발표될 즈음에는 슬기로운 지혜를 구하는 다른 접근 방법이 상당히 진전되고 있었습니다. 그것은 네덜란드 상인들이 나가사키에 가지고 들어온 책을 통하여 고심하면서 진척시켰던 양학(洋學) 연구였습니다.

여기서는 일본의 양학 발달사에 대하여 상세히 이야기할 여유는 없고, 또 양학의 개요에 대해서는 별도의 연구가 많습니다. 그리고 그 연구들은 일본의 양학 발달사의 길을 거슬러 올라가는 것이 얼마나 흥미진진한 것인지를 보여 줍니다. 일본에서의 양학 발달사는 확실히 세계 문화교류사에서 가장 경탄할 만한 부분입니다. 당시의 일본에서는 사람의 이동, 외국으로부터의 문물 수입, 새로운 기획을 시도하는 것 등 모든 것이 엄격한 제약을 받고 있었는데도, 양학 연구자의 소규모 그룹이 몇 개 있었습니다. 서로 연락이 거의 없어서 독립적인 상태로 있었는데, 18세기에 일본의 양학 연구자 그룹을 두 개의 주요 그룹으로 나누어 볼 수 있습니다. 하나는 나가사키에서 막부와 네덜란드의 동인도회사가 교역하는 데 통역으로 활동하던 통역사 그룹입니다. 통역사는 세습하는 직업이었고, 네덜란드어 통역사로는 20여 개의 집안이 있었습니다. 그들은 양자를 들이는 방법 등으로 유능한 통역사를 확보하고 세습 직업의 특권을 유지하고 있었습니다. 다른 하나는 아주 작은 그룹인데, 에도에 있는 지방 영주의 저택에 고용된 의사들이었습니다. 막부가 처음으로 난학(蘭學)[25]에 대한 관심을 보인 것은 1709년, 쇄국령을 어기고 나가사키에 상륙한 예수회 선교사인 이탈리아인 시돗티(Sidotti)[26]를 아라이 하쿠세키가 심문하면서부터였습니다. 1720년대가 되자 쇼군 도쿠가와 요시무네(德川吉宗)[27]는 역법(曆法)을

25) 난학이란 에도 중기 이후에 네덜란드어를 통해 서양의 학문과 기술을 연구했던 학문을 말한다. 의학을 비롯하여 수학 · 천문학 · 화학 · 병학(兵學) 등의 분야가 있었다. 당시에 일본에 들어와 있던 선교사 등 외국인의 영향을 받아 다수의 난학자가 배출되었다. 난학자들의 폭 넓은 관심과 진지한 연구는 일본의 과학기술 발전에 큰 기여를 하였다.

26) 시돗티(Giovanni Battista Sidotti, 1668~1714)는 가톨릭 사제이다. 1708년에 선교사로 규슈(九州)의 가고시마(鹿兒島)현의 야쿠시마(屋久島)에 상륙했다가, 체포되어 에도 고이시가와(小石川)에 감금당한 채로 옥사하였다. 시돗티를 심문한 내용을 가지고 아라이 하쿠세키는 『서양기문(西洋紀聞)』과 『채람이언(采覽異言)』을 썼다.

27) 도쿠가와 요시무네(1684~1751)는 도쿠가와 제8대 쇼군이다. 기슈(紀州)의

바꿀 목적으로 가신 몇 명에게 난학을 공부시켰고, 동시에 서양의 학문을 취급한 중국 서적의 검열도 완화하였습니다. 반세기가 지난 후인 1770년에 마에노 료타쿠(前野良澤)[28]는 통역사에게 난학을 직접 배우기 위해 나가사키에 유학하는 것을 허락받았습니다.

통역사는 네덜란드어를 배우는 가장 좋은 기회를 얻는 혜택을 받고 있었는데, 통역이라는 공무에 바빠서 시간적인 여유는 거의 없었고, 더구나 사전도 아직 없었습니다. 고심에 고심을 거듭한 끝에 최초의 네덜란드어 사전이 완성된 것은 1796년이었습니다. 이 사전은 1833년에 개정되었는데, 실제로 간행된 것은 페리(Perry) 제독이 내항한 후인 1855년이었습니다.

이들 두 양학자 그룹은 서로의 존재는 알고 있었는데, 나가사키 통역사들은 네덜란드인 상관장(商館長)[29]이 에도에 참부(參府)[30]하

2대 번주의 넷째 아들로 기슈의 번주가 된 다음 추대되어 쇼군의 지위를 계승하였다. 쇼군으로 재직한 기간은 1716~1745년이었다. 도쿠가와 이에야스(德川家康)의 치세를 이상으로 하는 개혁을 실시하였다. 쌀값 안정에 노력을 기울여서 고메쇼군(米將軍)으로 불리기도 하였다.

28) 마에노 료타쿠(1723~1803)는 에도 중기의 의사이다. 46세에 네덜란드어를 공부하고 나가사키에 가서 연구했다. 스기타 겐파쿠 등과 함께 해부된 사형수의 시체를 관찰하였고, 네덜란드 의학 서적을 번역하여 출판하였다.

29) 상관이란 상거래를 위해 대리인 또는 위탁매매인을 주재시킨 재외 영업소를 말한다. 네덜란드의 동인도회사가 나가사키에 상관을 설치하였다. 책임자는 카피탄(Kapetein, 甲比丹)으로 불렸다.

30) 참부는 에도 시대에 다이묘 등이 수도인 에도에 가서 막부에 근무하던 일을 가리킨다.

도카이도(東海道)의 하코네(箱根) 간쇼(關所)에서 검문받는 여행자들

러 갈 때 동행하여 서로 만날 기회를 얻기도 했습니다. 네덜란드 상인의 에도 막부 근무는 2세기 반에 걸친 도쿠가와 시대에 116회나 있었습니다. 1633년 이후에는 1년에 한 번, 1764년 이후에는 2년에 한 번, 그리고 1790년부터 마지막 에도 막부 근무가 된 1850년에 이르기까지의 기간에는 4년마다 네덜란드 상인이 에도에 나왔습니다. 이것은 영주의 참근(參勤) 교대 여행과 같은 격식으로 실시되었는데, 나가사키에서 에도 사이의 왕복 여행은 보통 90일이나 걸렸습니다. 1787년의 참부는 142일이나 걸렸습니다. 의사와 비서관을 포함한 약 50명의 일본인 수행원 등을 거느린 네덜란드

상인 일행은 에도에서 니혼바시(日本橋) 근처의 나가사키야(長崎屋)에 숙박하였습니다. 2층의 방 4개를 네덜란드 상인이 사용하였고, 통역사들도 같은 층에 묵었습니다.

에도의 의사들은 네덜란드 상인 일행이 있는 나가사키야를 방문하여 질문하는 것을 허락받았습니다. 그들 몇 명이 모여서 나가사키야에 가는 것이 보통이었습니다. 평상시에 품고 있던 의문을 나가사키에서 온 여행객에게 물어 보고 새로운 지식을 배우려고 했던 것이었는데, 그들 사이의 의사 소통은 너무나도 불충분했습니다. 1794년 오쓰키 겐타쿠(大槻玄澤)[31]가 술회한 것처럼 질문하는 순서가 거의 돌아오지 않아 다음 참부까지 4년 간이나 기다릴 수밖에 없는 상태였습니다. 한편 네덜란드 상인 일행 중에는 에도의 접대역을 맡은 사람들에게 일본에 대해 열심히 배우려는 의욕을 가진 외국인들도 있었습니다. 그들은 켐페르(Kämpfer)[32] · 툰베리(Thunberg)[33] · 지볼트(Siebold)[34] 등이었습니다. 이 세 사람은 모

31) 오쓰키 겐타쿠(1757~1827)는 에도 후기에 네덜란드에서 전래된 의술을 시행한 의사이다. 에도에 나와서 스기타 겐파쿠와 마에노 료타쿠에게 의학과 난학을 배우고 나가사키에 유학하였다.

32) 켐페르(Engelbert Kämpfer, 1651~1716)은 독일의 외과의사이자 박물학자이다. 1690년에 네덜란드 배의 의사로 나가사키에 들어와서 상관 소속 의사로 2년 간 체재하였다. 일본의 역사 · 정치 · 종교 · 지리 등을 소개하는 『일본지(日本誌)』 등의 저술을 남겼다.

33) 툰베리(Carl Peter Thunberg, 1743~1828)는 스웨덴의 식물학자이자 의학자이다. 네덜란드의 동인도회사에 들어가서 1775년에 나가사키 네덜란드

두 네덜란드인은 아니었는데, 각각 뛰어난 일본 소개서를 남겼습니다. 그리고 툰베리는 1775년에, 지볼트는 1820년대에 일본에서 서구 과학을 배우려는 사람들의 대다수를 불러 모았습니다. 그들에게 배운 일본인들은 드디어 일본에서 과학의 여명기에 중요한 역할을 하였습니다.

그러나 이러한 일본인들 사이의 의사 소통도 나가사키에 있는 서구인과 일본 지식인들 사이의 의사 소통과 마찬가지로 매우 불충분한 것이었습니다. 나가사키의 통역사였던 시즈키 다다오(志筑忠雄)[35]는 가족 중의 한 사람이 나가사키 다이묘의 에도 참근에 동행하는 짐꾼으로 징용되는 행운을 얻었는데, 시즈키는 에도의 오쓰키 겐타쿠에게 기쁨에 넘쳐 다음과 같은 편지를 보냈습니다.

"당신의 고장에 진기한 사물의 법칙과 천문 등에 관한 기이한 학설이 여러 가지 있다 하오니 중국어나 서양 서적이라도 상관없

상관 소속 의사로 일본에 와서 다음해에 출국하였다. 저서로는 『유럽 · 아프리카 · 아시아 여행기』 · 『일본 식물지』 등이 있다.

34) 지볼트(Philipp Franz van Siebold, 1756~1866)는 독일의 의학자이자 박물학자이다. 1823년에 네덜란드 상관의 의사로 나가사키에 들어왔고, 일본의 동식물 · 지리 · 역사 · 언어를 연구하였다. 교습소를 열어서 일본인에게 의술을 가르치고 현지에서 진료도 하였다. 1859년에 다시 일본에 와서 막부의 외교 고문이 되었다. 저서로는 『일본』 · 『일본 식물지』 등이 있다.

35) 시즈키 다다오(1760~1806)는 에도 중기의 난학자이다. 네덜란드어법을 본격적으로 연구한 최초의 일본인이다. 뉴튼의 천문학을 공부하고, 천체에 대한 이론을 주장하였다.

으니 은혜를 베풀어 주시옵소서. … 아울러 당신의 고장에 머무는 동안에 소문으로만 듣던 대수(對數) 책이 완성되었다면 한 번 읽어 보고 싶습니다. 그 밖에 천지 운동의 원리를 논하고, 해와 달 등 다섯 개의 별에 관한 속도와 움직임을 밝히는 학설, 제가 가지고 있는 책 중에 '구심력의 법칙'이라고 해서 숫자로 표기되고 자세한 설명이 씌어져 있으며, 번역된 책도 있습니다. 이와 같은 책들이 있다면, 어떤 책이 나와 있는지 죄송하지만 알려주십사 부탁드립니다."

이 같은 내용의 편지는 번역 시대의 도래를 나타내는 것인데, 실은 그 이전에 번역 시대는 이미 시작되었던 것입니다. 18세기 번역 시대의 막을 여는 진정한 계기가 되었던 것은 권두에서 언급했던 에도의 역사적인 해부서였습니다. 난학을 공부하던 의사 스기타 겐파쿠와 마에노 료타쿠는 인체 해부를 관찰했습니다. 마에노 료타쿠는 1770년에 몇 개월 동안 나가사키에 체류하는 것을 허락받고 네덜란드어를 공부할 기회를 얻었습니다. 인체 해부의 현장을 견학한 것에 대해서는 스기타 겐파쿠의 유명한 회고록[36]에 상세하게 기록되어 있습니다.

"…사형에 처해진 범죄자의 시체는 교토 출신으로 아오차바바

36) 스기타 겐파쿠가 1815년에 저술한 회고록은 『난학입문(蘭學事始)』으로 이와나미(岩波) 문고로 출판되었다.

난학의 선구였던 의사 스기타 겐파쿠(1733~1817)

라고 불리던 50세 정도 된 노파였다. 해부를 하는 사람은 백정이었는데, 우리는 해부 솜씨가 뛰어나다고 알려진 도라마쓰(虎松)라는 백정과 약속을 하였다. 그런데 그날 그 사람이 갑자기 병이 나서 그의 할아버지인 90세의 늙은 백정이 대신해서 나왔다. 그는 건강한 노인이었고 젊어서부터 해부는 여러 번 했었다고 말했다. 그때까지는 그가 하나씩 가리키며 폐 · 신장 등의 내장을 보여 주었다. 이를 지켜본 사람들은 신체의 내부 구조를 마치 다 알게 되었다고 생각하는 것이 보통이었다. 그런데 내장의 기관들에는 각각 이름이 적혀 있지 않았으므로 백정이 지적해 주는 것에 만족할 수밖에 없었다. 백정은 모든 것을 알고는 있었지만 각 기관의 명칭을 배운 적은 없었던 것이다. … 해부도에 의거해서 보면 동혈맥의 두 줄기와 신장 등이라는 것을 알 수 있었다. 우리는 폐와 간의 구조, 위장의 위치 및 형태가 그때까지 우리가 믿어 왔던 중국의 학설과 판이하게 다르다는 것을 발견하였다. …"

"우리는 돌아오는 길에 흥분해서 실험에 대해 이야기를 나누었다. 우리는 의술로 기여해 왔는데, 의학의 기본이 되는 인체에 대하여 모르고 있었다는 것은 정말로 부끄러운 일이다. 이제부터는 떳떳한 의사가 되기 위해 우리는 실험을 통해 사실을 밝혀 내기로 맹세하였다.…그리고 나는 『타헤르 아나토미아(Tafel Anatomia)』[37]를 나가사키 통역사의 도움 없이 우리가 번역할 것을 제안하였다. 다음날 우리는 료타쿠의 집에 모여서 『타헤르 아나토미아』의 정복을 시작했다.…"

"우리는 네덜란드어의 문장과 구 · 문맥 사이의 연결 등에 유의하면서 번역해 나갔고, 점차 번역된 부분이 많아졌다.…우리는 어려운 단어가 나오면 언젠가는 이해할 때가 오리라고 믿으며 우선은 동그라미 안에 +문자를 적어 기록해 두었다. 우리는 이 부호를 얼마나 많이 사용했었던가! 서서히 우리의 실력도 향상되어 하루

---

37) 『타헤르 아나토미아』는 독일인 J. A. 쿠르므스의 해부도를 네덜란드어로 번역하여 1734년에 암스테르담에서 간행한 인체해부도이다.

에 10행 이상이나 번역하는 날도 있었다. … 이와 같이 애쓰면서 2, 3년이 지나자, 우리는 모든 것을 명백하게 알 수 있게 되었다. 이것은 마치 사탕수수의 단맛을 빠는 즐거움과도 같은 것이었다."

『타헤르 아나토미아』의 번역이 완성됨과 거의 동시에 '난학'이라는 새로운 이름이 주창되어 일본 전역에서 보편화되었습니다. 이것으로 번역 시대의 막이 열린 것입니다. 스기타 겐파쿠가 회고록을 저술한 때는 1815년인데, 그의 나이 이미 83세의 고령이었습니다. 그는 책의 서두에서 지난날을 회고하면서 다음과 같이 적고 있습니다.

"오늘날 세상에는 난학이 널리 퍼져 있습니다. 몇몇의 뜻을 세운 사람은 난학을 열심히 공부를 하고, 배우지 못한 사람도 난학에 대해 생각없이 떠들어대고 멋대로 과장하기도 합니다. 내가 되돌아보건대, 거의 50년쯤 전에 뜻을 같이한 동지들이 이 일에 뜻을 품고 시작했습니다."

난학은 한학과는 달랐습니다. 한학의 경우에는 사절을 중국에 보내서 유학시키고 그가 귀국한 후에는 사람들을 가르치는 일을 맡게 하였으므로, 한학이 일본에서 점차 활발히 퍼지게 된 것은 당연하였습니다. 그렇다면 난학은 왜 중요하게 되었을까요? 이 질문에 대해 스기타는 회고록의 끝부분쯤에 다음과 같이 적었습니다.

"나는 난학이 이처럼 중요시되고 번성하고 널리 퍼지게 되리라고 일찍이 생각하지 못했다. 한학이 전달하는 데 시간이 걸리는 데 비해, 난학은 실재 있는 것을 쉽게 직접적으로 기록하므로 받아들이기가 쉬워서 퍼지는 것이 빨랐었다."

계속해서 그는 "한학을 통해 사람들에게 지식을 널리 알린 후에 난학이 나왔으므로 이렇게 급속하게 발달한 것이 아닐까?"라고 적고 있습니다.

스기타 겐파쿠의 회고록 · 일기 · 대화 등은 모두 일본이 새로운 시대에 돌입하고 있다는 것을 명확히 보여 줍니다. 이것은 도널드 킨 교수가 혼다 도시아키(本多利明)[38]의 경우를 지적한 것과 마찬가지입니다. 한학이 지배하던 시대는 종말을 고하고 있었던 것입니다. 중국의 지식에는 인체 형태의 경우에서와 같이 종종 잘못된 내용이 있었고, 그것은 또한 비실용적이었고 보수주의나 개화반대론과 관련되어 있었습니다. 1775년 스기타 겐파쿠를 찾아온 친구는 어떤 사람이 스기타를 비방하여 다음과 같이 말했다고 전했습니다.

38) 혼다 도시아키(1743~1870)는 에도 후기의 정치가이다. 에도에 수학을 가르치는 학원을 여는 한편 난학을 공부하였다. 천문 · 지리 · 항해에 대해 연구하고, 유럽의 사정에 밝았다. 개국, 무역, 북방과의 접촉 등을 주장하였다.

"조선이나 류큐는 중국에서 떨어져 있다고 해도 아주 멀지는 않고, 그들은 중국 성인들의 가르침을 그대로 수용하였다. 그런데 스기타가 배운 의학은 세계의 서북 한쪽 구석에 있는 나라의 것이고, 그 나라는 중국에서 9천 리나 떨어져 있고, 그렇기 때문에 언어가 통하지 않는 나라인 것이다. 따라서 그 나라의 사람은 성인의 도의 가르침 등은 태어나서 한 번도 들어본 적이 없다. 야만국 중에서도 가장 벽지에 있는 나라이고, 생활 풍습도 우리와는 아주 다르다. 그런 나라의 의술이 우리에게 무슨 도움이 될 것인가?"

이에 대해 스기타 겐파쿠는 다음과 같이 반론하였습니다.

"중국을 귀하게 여기고 오랑캐를 천시하는 것은 괜찮지만 오늘날 중국을 지배하는 것이 누구인지를 생각해 보는 것이 좋을 것이리라! 어찌 되었든 세계의 모든 인간은 같고 중국도 또한 동쪽 바다 한구석의 작은 나라에 지나지 않는다. 진정한 의술은 몇몇 성인들의 지식을 바탕으로 하기보다는 보편성 있는 근거에 기반을 두어야 한다. 더구나 인체에 관한 중국의 서적은 맞지 않는다는 것이 판명되었다. 이 증거에서 보건대 네덜란드 사람이나 난학을 천시하는 것은 큰 잘못이다."

네덜란드어로 된 의학서를 번역하면서 스기타 겐파쿠가 배운 것은 어떤 것이었을까요? 하가 교수는 다섯 가지의 중요한 교훈을 지적하고 있습니다. 첫째, 종래의 중국 의학이 틀렸다는 것이 판명되고, 예로부터 내려오는 관념적인 학설이 부정된 것입니다. 둘째,

종래의 학설이 아무리 굉장한 권위를 가진 것이라고 할지라도 맹목적이거나 신앙적으로 수용해야 하는 것이 아니므로, 실험을 통하여 자신의 의문을 확인하는 것은 자연과학의 첫걸음이라는 것입니다. 셋째, 의학은 생물학과 생리학에 입각해야만 한다는 것입니다. 넷째, 이러한 관점에서 보면 모든 인간은 평등하다는 것입니다. 다섯째, 인간은 모두 평등하기 때문에, 의사가 환자를 대할 때 계급이나 빈부에 따라 차별해서는 안 된다는 것입니다. 이상이 모두 결코 직접적인 정치적 의미를 담고 있는 것은 아니었습니다. 그러나 장기적 관점에서 보면, 모두 중요한 정치적 의의가 숨어 있었습니다. 난학자들은 서양 세계에서 일본을 고립시켰던 막부의 쇄국 정책이 진보된 서양의 학문과 기술 앞에서 붕괴될 운명에 있다는 것을 예측할 수 있었습니다. 덧붙인다면, 스기타 겐파쿠 등의 유력한 난학자들이 인간의 평등성에 대하여 도달한 사상적 · 사회적 귀결은 도쿠가와 막부의 공식적 정책과 직접 대립되는 것이었습니다. 스기타의 일기에는 그리스도교를 믿는다는 혐의를 받는 사람들이 정의에 현저하게 위배되는 잔혹한 취급을 당한 예가 몇 개나 기록되어 있습니다. 의사로서 그는 자신의 인간 평등관에 기반하여 의술을 실천하였습니다. 이와 같이 스기타 겐파쿠의 결론 및 이에 기초한 실천적 행동이 야기시킨 정치적 결과는 스기타가 사망한 1817년부터 20년 이상이나 지난 다음에 구체적인 형태로 나타나게 되었습니다. 막부의 보수적인 지도자는 난학자 일파를 국가 전복을 꾀하는 잠재적 위험 인물로 지목하고 공적으로 탄압하고 감

금하였습니다.[39)]

이상은 우리로 하여금 스기타 겐파쿠를 넘어서는 세계로 인도하는 것이었습니다. 왜냐하면 그것은 페리 내항 후의 일본을 뒤흔든 커다란 변화와 직접 연결되어 있기 때문입니다. 페리 내항으로 일본에 큰 변화가 나타나게 된 것은 분명합니다. 그러나 이미 스기타 겐파쿠의 시대에 서양의 중요한 과학 기술에 관한 지식은 번역되어 있었습니다. 19세기에 개국이 이루어지기 수십 년 전에 지적 탐구심이 왕성한 일본인은 갈릴레오나 뉴튼의 이론을 이미 알고 있었습니다. 막부에서도 1790년대에 양서(洋書)를 수집하기 시작하였고, 더욱이 1811년에는 덴몬카타(天文方)[40)]에 양서 번역 센터를 설치하였습니다. 또한 후쿠자와 유키치(福澤諭吉)[41)]와 같은 향학심이 왕성한 젊은 사람들이 중심이 되어 사숙(私塾)을 대도시에

39) 1839년에 에도 막부가 와타나베 가잔(渡辺華山) · 다카노 나가히데(高野長英) 등의 난학자에게 언론 탄압을 가한 사건으로 '반샤노고쿠(蛮社の獄)'라고 한다.

40) 덴몬카타란 에도 막부의 천문 · 역술 · 측량 · 지리 · 양서의 번역 등을 관장한 직명이다.

41) 후쿠자와 유키치(1834~1901)는 메이지 시대의 사상가이자 교육자이다. 난학을 공부하여 에도에 난학주쿠(塾)를 열었고, 영어를 독학하였다. 막부 사절을 수행하여 미국과 유럽에 다녀왔다. 1868년에 난학주쿠를 게이오기주쿠(慶應義塾)로 개명하였다. 1882년에 『시사민보(時事民報)』를 창간하였고, 독립 자존과 실학을 고취하였다. 탈아입구(脫亞入歐) 및 관민(官民) 조화를 주장하였다.

설립했고, 주요한 각 번에서도 새로운 학문의 실익을 노려서 신학문의 진흥에 노력하였습니다.

스기타 겐파쿠와 그의 동료들에 의해 시작된 번역 운동과 그것으로 촉발된 교육 및 학문의 실증적 연구의 융성은 이미 변하고 있었던 낡은 세계관의 붕괴를 상징하는 것일 뿐만 아니라 실제로 막부의 붕괴를 촉진하는 매체로 작용하였던 것입니다. 번역 운동은 도쿠가와 말기의 일본사를 더없이 흥미진진하고도 활력 넘치게 한 일본인의 정신 구조를 형성시켰고, 이를 조장하는 결과를 가져왔습니다. 이윽고 난학자들은 개방된 과학적 공동체를 형성하기 위한 첫걸음을 내딛었던 것입니다.

그러나 스기타 겐파쿠는 난학자의 공적을 지나치게 강조해서는 안 된다는 견해를 가지고 있었습니다. 그 시대의 새로운 학문의 구체적 성과는 한정적인 것이었고, 그 대부분은 개항 후에 봇물이 터지듯 유입해 들어온, 주로 영어로 된 서양의 과학 기술 앞에 압도당해 버렸습니다. 1850년대에 외국 배가 들어옴으로써 부득이 개항을 한 도쿠가와 막부는 장래에 대비하여 전국에서 난학자를 모아서 연구와 난학자의 양성에 전념하게 하였습니다.[42] 당시에 설립된 난학 센터는 여러 차례의 변화를 거쳐서 나중에 도쿄대학으

---

42) 1856년에 에도 막부가 구단자카시타(九段坂下)에 창립한 양학교육 연구기관, 명칭은 요가쿠쇼(洋學所)이다. 네덜란드 · 영국 · 프랑스 · 독일 · 러시아 등의 양학 및 양식 수학을 가르치고, 양서의 번역을 관장하였다.

로 발전하였습니다. 여하간 스기타 겐파쿠가 선구자적 역할을 한 운동이 일본 사상사에 중대한 발전을 이루었다는 것은 분명한 사실입니다.

만년의 스기타 겐파쿠는 찬란한 업적과 그에 걸맞은 보답을 누리는 생애를 보내면서 행복감에 젖어서 과거를 회고할 수 있었습니다. 공식적으로 자신의 업적을 인정받았고 개업 의사로도 명성을 날린 그는 상급 사무라이에 필적할 정도의 수입이 있었습니다. 만년에 그는 손자와 제자들을 귀여워하면서 자신의 성공을 크게 기뻐했습니다. 그의 회고록은 다음과 같은 비유로 끝을 맺고 있는데, 이것은 현대보다는 그가 생존하던 시대에 보다 좋은 반향을 갖는 비유였다고 생각됩니다.

> "한 방울의 기름, 이것을 넓은 연못 속에 점을 찍으면 퍼져서 연못 가득히 넘치게 된다. 그런 것과 마찬가지로 마에노 료타쿠 · 나카가와 준안(中川淳庵)[43] · 나, 이렇게 우리 세 사람이 의기투합하여 연구를 하였던 것이 시초였다. 50년 가까운 세월이 흘러서 이 학문이 방방곡곡에 퍼지게 되었고, 매년 번역책도 나오게 되었다. 이것은 한 마리의 개가 우연히 짖으면 다른 개들도 공연히 짖는 것과 같은 것이다."

---

43) 나카가와 준안(1739~1786)은 에도 중기의 난학 의사이다. 네덜란드어에 능통하였고, 약초 등을 연구하는 혼소가쿠(本草學)에 정통하였다.

그는 다음과 같은 말로 끝맺음을 하였습니다.

"아무리 생각해 봐도 나는 너무나 기쁘다. 난학의 길이 열려서 백 년 천 년 후에도 의학의 참된 기술을 익혀서 백성을 살리고 구제하는 공익이 있을 것을 생각하면 기뻐 춤추며 날뛰지 않을 수 없다."

Ⅱ. 세계에서 구해 온 지혜

만년의 스기타 겐파쿠는 낙관적인 세계관과 사회관을 갖고 있었던 것 같습니다. 그러나 겐파쿠가 죽은 후의 반 세기는 그의 후계자들에게 경계와 좌절이 거듭되는 시대가 되었습니다. 경계라는 것은 일본이 서양의 접근을 더욱더 강하게 의식하게 되었음에도 불구하고 아직도 이에 대응하기 위한 준비가 충분하지 않았던 데에 기인합니다. 한편, 좌절이라는 것은 서양이 접근해 오는 데 대한 지식과 논의를 막부가 억압하고 공적(公的) 경로로만 한정하려 했기 때문에 생긴 것이었습니다. 도쿠가와 막부는 여러 번(藩)을 희생시켜 가며 중앙 집권의 확대를 꾀하였고, 서양의 과학 기술에 관해서는 사적(私的) 연구나 논의를 하지 못하도록 단속하려 하였습니다. 그러나 막부의 이러한 노력은 경제 궁핍 대책이나 빈발하는 서민의 반란에 대한 막부 대응책과 마찬가지로 효과가 없었습니다.

이런 시대적 상황은 당시 사람들의 정치 의식을 고양시키는 배경이 되었습니다. 18세기 일본에 있었던 여러 가지 지적 전통은 모두 1850년대와 1860년대의 일본 정치를 유동적으로 만드는 힘으로 작용하게 되었습니다. 유교는 의무와 충성을 강조함으로써, 국학은 존황 사상과 국가의 신성화를 중시함으로써, 그리고 난학은 국가 위기를 실증하는 것에 역점을 둠으로써, 각각 정치의 유동화에 박차를 가하였습니다. 페리의 내항 후 15년이 지난 다음 막부 시대가 막을 내렸고,[1] 일본의 새로운 지도자들은 나이 어린 천황의 이름으로 5개조 어서문(五箇条御誓文)[2]을 발표하였습니다.

1870년대를 살펴보게 될 이 장의 제목은 1868년 3월에 메이지 천황이 공포한 '5개조 어서문'에서 빌려 온 표현입니다. "과거의 악습을 타파하고 천황의 기반을 강화하기 위해 세계로 나아가 지식을 구해야 한다"고 주장하고 있습니다. 1871년에서 1873년에 걸쳐 메이지 신정권이 구미에 파견한 공식 사절단은 지식을 널리 세계에서 구한 메이지 신정권의 자세를 상징하는 것이었습니다. 사절단의 보고서는 수행원이었던 구메 구니타케(久米邦武)가 1875년에 완성했습니다. 스기타 겐파쿠와 마찬가지로 구메의 경우에도 만년에 쓴 회고록이 있습니다. 90세의 고령인 구메는 1934년에 상하 두 권의 회고록을 출판하였습니다.[3]

---

1) 1867년 10월에 에도 막부의 제15대 쇼군인 도쿠가와 요시노부(徳川慶喜)가 정권을 천황에게 돌려 준 것으로 다이세이호칸(大政奉還)이라고 한다.

2) 5개조 어서문이란 1868년 3월 14일에 메이지 천황이 선포한 유신정부의 기본 방침이다. ① 널리 회의를 열어 정치상의 모든 중요 사항은 공론으로 결정한다. ② 상하의 마음을 하나로 뭉쳐 적극적으로 국가 통치를 한다. ③ 관(官)·무(武)·서민에 이르기까지 각각 그 뜻을 이루어 민심을 지치지 않게 하는 것이 필요하다. ④ 예부터 내려오는 악습을 타파하고 천지의 공도(公道)에 의거한다. ⑤ 지식을 세계에서 얻고 크게 일본을 불러일으킨다.

3) 구메 구니타케의 회고록은 『구메 박사 90년 회고록』이라는 제목으로 와세

구메는 1839년에 태어나서 1931년에 사망했는데, 이 시기는 중국의 아편전쟁에서 만주사변에 이르는 기간에 해당하고, 일본인의 중국 이미지가 문명의 중심국에서 군사 침략의 대상국으로 바뀐 시기이기도 했습니다. 이 기간에 일본에서는 도쿠가와 체제가 국내의 불만과 외압에 굴복하여 서양 노선을 지지하며 독립을 유지하고 국제 사회에 대등하게 참가할 수 있게 되는 것을 목표로 한 새로운 국가 건설을 추진하였습니다. 구메가 사망한 당시의 일본은 국내 변혁을 제압하고 국내의 모순을 대륙 지배에 의해 해결하려는 헛된 노력을 하면서 동아시아의 패권 확립을 부르짖고 있었습니다. 구메 개인에게 이 세월은 전통적인 유교 교육에서 직접적인 서양 체험으로 이어진 기간이었습니다. 그리고 구메도 일본의 새로운 존황 사상이 과학합리주의와 상반되는 것임을 경험을 통해 깨달아 알고 있었습니다.

1. 도쿠가와 시대 말기

페리의 내항에서 이와쿠라 사절단 파견에 이르는 약 20년간은 화려한 정치적 사건이 전개된 시기였고, 이 시기에 외국의 압력에 의해 생긴 극단주의의 격동에 현혹되어서 배후에 커다란 조류가

다(早稻田)대학 출판부에서 간행되었다.

있다는 사실을 알아채지 못하기 십상이었습니다. 나도 사카모토 료마(坂本龍馬)[4]의 업적에 관한 글을 쓸 때 그 시기의 여러 가지 정치적 사건에 초점을 맞추었습니다. 그러나 장기적 관점에서 보면, 일본인의 세계관이 변화되는 과정의 밑바닥에는 이 같은 정치적 사건과는 다른 보다 깊은 흐름이 있었던 것을 간과해서는 안 됩니다. 아마도 정치적 동란의 주된 공헌은 더욱더 많은 사람들의 관심을 일본 사회를 어떻게 재구축해야 하느냐는 문제로 향하게 한 것이겠지요.

아편전쟁도 중국 문화의 우월성이라는 관념의 신빙성을 박탈하는 역할을 하였습니다. 아편전쟁에 의해 중국의 군사력이 약체임이 폭로된 것은 중국 모델을 가장 중요시해 온 일본의 보수파에게는 큰 충격이었습니다. 그들의 당황스러움과 비탄을 표현한 문헌은 아주 많습니다. 영국에 짓밟힌 중국의 곤경에 대해 논한 한서(漢書)는 일본 국내에서 곧 커다란 반향을 일으켰습니다. 왜냐하면 교양있는 일본인이라면 누구나 한서를 읽을 수 있었기 때문입니다. 이것의 두드러진 예로는 특히 위원(魏源)[5]의 글이 중국의 독자보

---

4) 사카모토 료마(1835~1867)는 도사(土佐)번 출신으로 막부 말기의 지사(志士)이다. 에도에 나와서 가쓰 가이슈(勝海舟)의 문하에 입문하여 항해술을 배우고 나가사키에 상사(商社)를 설립하였다. 동지들을 규합하여 사쓰마(薩摩)번과 조슈(長州)번의 연합을 꾀하고 다이세이호칸에 진력하였다. 나카오카 신타로(中岡愼太郎)와 함께 교토에서 막부의 하수인에게 살해당했다.

5) 위원(1794~1856)은 중국 청나라의 학자이다. 그는 많은 책을 읽어 전례(典

다 일본인 독자에게 보다 큰 영향을 미쳤던 것을 들 수 있습니다(이와 같은 맥락의 것으로 예수회 선교사들이 중국어로 쓴 서양과학 소개서의 경우도 마찬가지입니다). 나가사키에서 네덜란드인에 의해 전해진 정보도 중국인이 쓴 글의 내용을 확인시키는 것이었고, 중국이 패배했다는 정보는 일본에도 중국과 마찬가지의 위험이 닥쳐오고 있다는 위기감을 불러일으키는 것이 되었습니다. 수 세기 전에 명나라가 북방의 만주족에 의해 정복당했던 사실을 일본의 지식인이 잘 알고 있었다는 것은 확실합니다. 그러나 아편전쟁에서 중국이 패배한 것은 만주족에 대한 굴복과는 다른 것이었습니다. 이번의 적은 종래의 외적과는 달리 바다를 건너서 온 것이고, 같은 적이 일본에도 밀어닥칠 가능성이 예상되기 때문입니다. 그리고 이 같은 가능성을 염려하는 일본의 지식인은 그 어느 때보다도 많아졌습니다.

양학(洋學)의 중요성이 갑자기 인식되자, 양학에 대한 관심도 높아졌습니다. 그러나 전통적 학문 체계 안에서 양학을 정통화하려는 시도가 이미 시작되어 있었다는 것을 잊어서는 안 됩니다. 거의 반 세기 전에 히라타 아쓰타네(平田篤胤)[6]는 새로운 절충주의를 주

例)에 조예가 깊었고, 새로운 관점에서 고전을 해석하였다. 그의 저서로는 『성무기(聖武記)』·『해국도지(海國圖志)』 등이 있다.

6) 히라타 아쓰타네(1776~1834)는 에도 후기의 저명한 국학자이다. 모토오리 노리나가 사망 후에 고도(古道)의 학문에 뜻을 두고 복고(復古) 신도를 체계화하였다. 존황 운동에 큰 영향을 미쳤다.

창하였습니다. 그는 1811년에 한학은 무수히 많은 학문 사상의 하나에 지나지 않는다고 주장하였습니다. 무수히 많은 학문 사상 중에서 그가 가장 중요하게 생각한 것은 물론 일본의 신도(神道)입니다. 한학은 신도와는 다른 것이고, 불교는 한학보다 넓고, 그리고 난학은 실용적 학문이라고 그는 생각했습니다.

> "일본의 학문은 한학 · 불교 · 난학 등 모든 전통을 포용하고 있다. 일본인은 모든 종류의 학문을 전부 공부해야 한다. 왜냐하면 바르게 이해한다면 그 어느 것이나 일본의 학문과 통한다는 것을 알 수 있기 때문이다."

히라타는 이 같은 결론에 이르렀던 것입니다.

페리 함대의 내항 후, 막부는 난학 연구의 조직화 및 제도화를 진전시키는 수단을 차례차례 강구하였습니다. 난학을 공부하는 것이 이제는 막부의 관리가 되기 위한 통행증이 되었고, 난학은 막부의 직접적인 관심사가 되었던 것입니다. 외국 야만족의 책을 다루는 기관은 곧 서양서적 기관으로 개칭되었고, 나중에는 '가이세이조(開成所)'로 발전하였습니다. 이것은 막부와 세력이 강한 번(藩)이 서양 지식의 실용화를 지향하는 방향으로 정책을 바꿨다는 것을 나타내는 것입니다. 가이세이조는 국가적 노력의 상징이 되었고, 전국 방방곡곡에서 등용된 인재를 집결시켰습니다. 각 번도 경쟁적으로 외국인 전문가를 고용하였습니다. 이렇게 하여 양학 장려책이 전국 각지에서 갑작스럽게 강화되었습니다.

새로 시작된 외교 관계와 내외 문제 때문에 다음으로 필요하게 된 것은 일본인이 실제로 해외에 나가는 것이었습니다. 1860년에 '해리스 통상조약(Harris Commercial Treaty)'[7]의 비준서 교환을 위한 사절을 미국에 보낸 것을 시작으로 하여 1860년대에는 해외에 파견하는 사절단의 건수가 많아졌고, 동시에 사절단의 규모나 파견 목적의 중요성도 커지게 되었습니다. 그리고 일본인 여행자들의 해외견문 보고서에는 그들의 지적 관심이 얼마나 넓게 펴져 있었는지가 잘 나타나 있습니다.

워싱턴으로 가는 최초의 일본 사절단의 총 인원 수는 77명이었습니다. 그들의 뉴욕 도착을 시인 월트 휘트먼(Walt Whitman)은 「브로드웨이의 행렬(Broadway Pag-eant)」이라는 작품에서 찬사를 보내면서 칭송하였습니다. 이 사절단의 부단장이었던 무라가키 노리마사(村垣範正)[8]도 미국에 대한 인상을 일기로 적었습니다. 그러나 그의 미국 관찰은 아직 여행자의 수준을 넘지 않는 것인데, 미

---

7) 해리스 통상조약을 일본에서는 일미수호통상조약이라고 한다. 1858년 가나가와(神奈川)에서 미국의 전권 위원 해리스와 체결 · 조인된 조약이다. 공사(公使)와 영사(領事)의 교환과 가나가와 · 나가사키 · 니가타(新潟) · 효고(兵庫)의 개항, 무역의 자유, 영사재판권 등을 결정하였다. 관세 자주권이 없는 등 일본에 불리한 점이 많았다.

8) 무라가키 노리마사(1813~1880)는 에도 말기에 막부의 외국 봉행을 수행하였다. 러시아 사절을 접대하는 외교관의 역할을 수행하였고, 1860년 견미(遣美) 사절단으로 도미하였다.

미국에 최초로 파견된 사절단(1860)

국 사회의 중요한 경제적 · 과학기술적 측면을 시찰하려는 진지한 노력은 거의 보이지 않습니다. 그의 접촉 범위는 주로 공식 행사에 한정되어 있었던 것 같습니다. 그리고 국가의 공적 행사에 여성이 참가하는 미국 사회의 기이한 풍습에 대하여 그는 눈살을 찌푸렸습니다. 그러나 개회중이었던 상원 국회를 참관하고 그곳에서 전개된 토론 장면에는 완전히 경탄하여 일기에 다음과 같이 적고 있습니다.

"그중 한 사람이 일어나서 큰 소리로 떠들면서 손짓 따위를 하니 마치 미친 사람과 같다. 무슨 말이 끝나자 또 한 사람이 일어났다. 무슨 일인지 우리가 물으니, 나라의 일에 관해서 여러 사람이 의견을 내고 각각의 의중에 대해 남김없이 건의한 것을 부통령이 듣고 결정한다는 것이다."

스미소니언박물관에서는 박제된 조류와 동물과 함께 미라가 진열되어 있는 것을 보고 이런 야만적 행동을 하는 미국 국민이 공포스러워진 무라가키는 '그들은 오랑캐라는 이름은 면할 수 없을 것' 이라고 적고 있습니다. 그 일기에서 아마도 가장 흥미를 자아내는 것은 사절단을 태운 배가 귀국하는 길에 앙골라에 기항했을 때에 관한 부분일 것입니다. 이것은 매우 피상적이긴 합니다만 무라가키의 실감을 여실히 드러내는 부분입니다. 아프리카 원주민의 얼굴 생김새가 석가모니의 이미지와 닮은 데가 있다고 느낀 무라가키는 "인도와 아프리카는 모두 같은 종족의 원주민이고 석가는 추장일 것"이라고 기록하고 있습니다. 계속해서 그는 "이와 같은 원시적 인종을 일본인이 오랫동안 숭배한 것은 얼마나 어리석은 일인가?"라고 술회하고 있습니다. 외국에 대한 새로운 위신 평가의 서열이 아직 정해지지 않은 상태에서 낡은 서열 구조가 명백하게 붕괴되기 시작했던 것입니다.

그로부터 2년 후에 보다 중대한 임무를 띤 사절단이 새로 파견되었습니다. 사절단의 첫째 목적은 서양 열강과 교섭하여 추가된

항구의 개항을 지연시키는 것이었는데, 이 교섭은 실패하였습니다. 그러나 사절단 수행원에게 서양을 견문시키고 교육한다는 두 번째의 목적은 큰 성과를 거두었습니다. 일행은 17세의 최연소 통역에서부터 58세의 최연장자까지 총 인원 38명인데, 그중에는 지난번의 사절단에도 참여했던 몇 명의 학자들도 포함되어 있었습니다. 후쿠자와 유키치 · 미쓰쿠리 슈헤이(箕作秋坪)[9] · 후쿠치 겐이치로(福地源一郎)[10] 등을 비롯한 난학자와 서양에 정통한 사람도 참가하였습니다. 그들은 전부 일본에서 계몽 운동을 일으키는 것이 얼마나 중요한가를 역설했던 사람들이었습니다. 사절단 일행은 지난번의 사절단보다 진지한 태도로 서양 사회를 폭 넓게 관찰하였습니다. 방문한 곳마다 상세한 보고서를 만들었고, 귀국한 후에 독자적으로 보고서를 만든 사람들도 있습니다. 후쿠자와 유키치의 유명한 『서양 사정』이라는 책도 그중의 하나인데, 이 책은 수십만 부나 팔렸고, 그 후에 오랜 기간에 걸쳐서 일본인의 서양 이해에 지대한 영향을 미쳤습니다. 예컨대 후쿠자와의 미국독립혁명에 관한 설명은 당시 일본의 정치 문제가 결코 일본 특유의 문제가 아니라는 것, 그리고 그 해결에는 근대적인 조직과 국민 참가가 필요하다는 것을 제시하는 유력한 근거가 되었던 것입니다. 또한 나카오카

9) 미쓰쿠리 슈헤이(1825~1886)는 메이지 시대의 양학자이다. 막부의 덴몬카타(天文方)에서 번역 일을 하였다.

10) 후쿠치 겐이치로(1841~1906)는 메이지 초기의 신문 기자이자 문필가이다. 신문사의 주필 · 사장을 역임하였고, 연극 개량 운동을 추진하였다.

신타로(中岡愼太郎)[11]도 미국독립혁명을 다음과 같이 해석하고 있습니다.

"영국의 억압이 날로 심해져서 미국 백성이 점점 고통을 받았다. 따라서 워싱턴이라는 사람이 호소하는 백성의 고통을 들었다. … 그는 야만적인 영국인을 내쫓고 쇄국 양이를 한다. … 13주의 동맹 합중국으로 독립하여 한층 강국이 된다. …"

1862년의 사절단 수행원들이 만든 보고서에는 서양 사회의 모순적인 면에 관한 관찰이 처음으로 나타납니다. 빈민 지역이 있는 대공업 도시의 상태나 서양 열강 각 나라의 국력과 영향력에 대해 등급을 매기는 평가 등도 보고서의 초점이 되기 시작하였습니다. 프랑스, 특히 나폴레옹 3세 통치하의 새로운 파리는 일본 사절단 일행의 눈에는 아름다운 도시로 비쳤습니다. 이에 비해 영국은 길거리에 먼지가 많고 소음이 그치지 않는 추한 나라였습니다. 그럼에도 불구하고 영국은 프랑스보다 강대하다는 것을 그들은 꿰뚫어 보고 있었습니다. 파리는 교토와 비슷하고 런던은 에도와 비슷하다는 것이 그들의 인상이었습니다. 영국에 기차 · 전신기 · 병원 ·

---

11) 나카오카 신타로(1838~1867)는 도사(土佐) 출신으로 막부 말기의 지사이다. 시와 문장에 능하였고 무술도 뛰어났다. 사쓰마번과 조슈번의 제휴를 계획하였고 막부에 대한 공격을 추진하였다. 교토에서 막부의 하수인에게 습격을 받아서 사카모토 료마와 함께 암살당하였다.

학교 · 총포주물공장, 그 밖에 제조소 등이 많은 것은 프랑스의 20배에 달한다는 것을 그들은 예리하게 알아차렸습니다. 영국과 프랑스를 이렇게 대비함으로써, 그들은 오랑캐인 몽골이 문명의 중심국인 중국을 힘으로 능가했던 역사를 되새겨 보았을 것입니다.

이 사절단과 그 후에 계속된 사절단이 귀국할 즈음, 일본은 아직도 국가 재조직의 길을 모색하는 중이었습니다. 그들은 조국에 돌아와서도 환영받지 못하는 경우가 많았고, 때로는 생명의 위험을 느끼는 일조차 있었습니다. 대체로 사절단 상층부 사람들은 대부분 곧 잊혀져 버리고 말았는데, 통역이나 전문가로 참가했던 수행원들은 1870년대에 문명 개화 운동의 지도자가 되어 활약하였습니다. 해외에 사절단을 파견하는 것은 계속 이어져서 1867년 막부가 무너졌을 때에는 제6차 사절단이 해외 체류중이었습니다. 그 즈음에는 세력이 강했던 번도 이미 비밀리에 유학생을 해외에 보내고 있었습니다. 막부 자체에서도 마지막 쇼군[12)]이 사임할 무렵에 갓 귀국한 유학생에게 일종의 헌법을 기초할 것을 명령하였습니다.

해외에 파견되었던 사절단이나 유학생들의 활약은 당시의 화려한 정치적 사건에 뒤지지 않을 만큼 중요한 것이었습니다. 동시에

---

12) 막부의 마지막 쇼군인 도쿠가와 요시노부(德川慶喜, 1837 ~1913)는 15대 쇼군이다. 미토(水戶) 번주인 도쿠가와 나리아키(德川齊昭)의 일곱째 아들로 1866년에 쇼군직을 계승하였다. 그러나 막부 말기의 내우외환에 직면하여 다음해에 대정을 환봉하였고, 1868년에 전쟁을 일으켰으나 패하여 에도성을 넘겨주고 미토로 퇴각하였다. 나중에 공작에 봉해졌다.

그들은 여러 외국에서 친일적인 일본관이 형성되는 것을 크게 조장하는 역할도 하였습니다. 예컨대 중국의 정치가 이홍장(李鴻章)[13]은 중국도 일본과 같이 변혁을 추진하기 위해 과감한 정책을 단행해야 한다는 뜻을 자국 정부에 제언하였습니다. 그는 서양 열강이 호의적인 태도를 갖게 할 만한 변혁이 일본에서 진행되고 있다고 파악했던 것입니다. 일본의 해외 사절들도 서양에서 일본이 중국보다 발달된 나라로 비치는 것에 만족감을 나타내는 보고서를 썼습니다.

1860년대의 해외 사절단은 많은 중요한 성과를 거두었는데, 그 중 하나는 일본을 통일된 하나의 나라로 생각하는 국가 의식을 고양한 것이었습니다. 새로운 국제 사회에서 봉건 말기와 같은 국내 분열 상태는 거의 허용되지 않게 되었던 것입니다. 사절 전권과 수행원들의 일기 · 보고서 · 서한 등에는 도쿠가와 시대의 의식은 전혀 보이지 않았습니다. 그들에게 중요한 것은 일본이라는 국가였습니다. 그리고 지금 문제가 되는 것은 일본의 장래였던 것입니다. 1860년의 부대사의 보고서 첫머리는 다음과 같은 글입니다.

예로부터 견당사(遣唐使)라면 바다 너머에 있는 멀지 않은 이

---

13) 이홍장(1823~1901)은 중국 청나라 말기의 정치가이다. 태평천국의 난을 평정하였고 청일전쟁 후의 시모노세키(下關) 조약과 의화단 사건 후의 베이징 의정서 등의 외교에 공헌하였다. 군대의 근대화와 근대 공업의 육성에 노력하였다.

웃 나라이다. … 어리석은 몸으로서 천지개벽 이래 처음으로 이역 만리에 사명을 받고도 군주의 명을 받들지 못하므로 일본의 치욕이 될 것을 생각하면 마음이 아플 뿐이다.

이어서 그는 장래의 일본에 대한 기대를 시로 표현했습니다.

지금보다는 이역의 백성도 우러러보리라
일본의 달빛

그는 부케넌(Buchanan) 대통령을 알현한 후에 우쭐대는 기분으로 "동쪽의 왕국 일본의 영광이여"라고 적고 있습니다. 그러나 휘트먼은 일본 사절의 태도와는 아주 대조적인 미국인의 감정을 다음과 같이 노래하고 있습니다.

화려한 맨해튼이여!
우리 동지 미국인이여! 우리의 땅에,
마침내 이때에 동양이 찾아왔다.

이와 마찬가지로 일본의 중국 숭배가 급속하게 무너진 것도 확실하였습니다. 그 원인 중의 하나는 중국에 대한 해외의 평판이나 평가를 일본인이 알게 된 것이었습니다. 그리고 이 붕괴 과정은 일본인이 중국이 열강과의 조약에 의해 개항한 곳이나 그 주변을 방문해서 중국의 실체를 자신의 눈으로 확인하게 되면서 더욱 가속

되었습니다. 상해(上海)의 실정을 눈으로 본 그들은 이 같은 주권 상실이 일본에서는 발생해서는 안 된다고 단호하게 결의하였던 것입니다.

이러한 민족 의식의 고양과 병행해서 서양에 대한 일본인의 지식과 이해도 깊어졌습니다. 아직 전문화된 지식이나 이해는 아니었지만 허용된 분야나 선택을 요하는 분야에서는 서서히 전문화가 진전되었습니다. 그러나 1860년대 일본의 서양 문화 수용에는 아직 조직적인 체계화가 이루어지지 않았고, 그 때문에 더욱더 해외를 시찰하고 견문과 경험을 축적할 필요가 있었습니다. 메이지 초기의 해외 사절단은 바로 이런 목적에서 파견되었던 것입니다.

2. 1870년대의 사절단

1868년에 지식을 널리 세계에서 구할 것을 내세운 '5개조 어서문'이 공표되면서 1870년대에 해외 사절을 파견한 배경은 크게 변하였습니다. 그러나 '5개조 어서문'은 장기 목표를 명시한 것이고, 또한 일본이 조약을 체결한 상대국이나 국내의 엘리트를 안심시키는 것을 목표로 한 것이었음을 잊어서는 안 됩니다. 도시와 시골 방방곡곡의 거리 게시판을 통해서 신정부가 일반 국민에게 하달한 지시의 내용은 이와는 기조를 달리하는 것인데 어서문은 새로운 시대의 정세에 종래의 전통적인 사고 방식을 적응시키기 위해 덧

칠한 것에 지나지 않았던 것입니다. 서민에게 하달한 내용에는 도덕 관념을 잊어서는 안 된다는 것을 나타내는 의도가 여러 군데에 숨어 있었습니다. 반역이나 도망을 엄하게 금하고 그리스도교 금지 정책도 견지했습니다. 그러나 외국인에 대한 공격은 엄하게 징계했습니다. 이와 같이 옛날부터 내려오는 누습을 타파하는 것은 일반 민중에게는 그다지 강한 호소력을 갖지 않았던 것입니다.

서양과의 직접 접촉으로 서양에 대한 지식이 증대하게 되면서, 서양에서 무엇을 배우고 무엇을 도입해야 하는가라는 관점을 기반으로 해서 서양 여러 나라와 각각의 제도를 서열화할 수 있게 되었습니다. 도쿠가와 봉건 말기의 사회 구조에서 볼 때, 이 같은 서열화가 행해진 것은 사리에 맞는 것이었습니다. 그리고 이 같은 서열화의 판단 경향은 진보나 발전 단계를 설명하는 서양의 책을 읽는 것으로 더욱 강화되었습니다.

서양의 진보를 일본에 소개하는 데에 가장 영향력이 있었던 사람은 후쿠자와 유키치였습니다. 당시에 그는 이미 세 번이나 미국과 유럽을 경험하였습니다. 후쿠자와가 1872년부터 1880년에 걸쳐서 쓴 유명한 저서 『학문의 권장』은 백만 부 가까이나 팔렸습니다. 이 숫자를 보면 당시 읽고 쓰는 능력을 갖춘 성인 인구의 상당수가 『학문의 권장』을 읽었다는 것을 알 수 있습니다. 후쿠자와는 실로 많은 책을 저술하였고, 모든 책이 큰 인기를 독차지하였습니다. 그래서 서양에 관한 책은 모두 '후쿠자와 책'이라고 불리던 시기가 있었을 정도였습니다. 후쿠자와의 명성을 확고부동하게 했던

『학문의 권장』은 스스로 자진해서 노력할 필요성을 역설한 것이었는데, 권두의 유명한 문장인 "하늘은 사람 위에 사람을 만들지 않았고, 사람 아래 사람을 만들지 않았다"는 메이지 신정부의 신분제도 철폐 운동을 소리높여 지지한 선언이기도 했습니다. 이러한 평등 사상에 대해서는 후쿠자와는 『학문의 권장』보다 먼저 쓴 『서양사정』에서 이미 소개하였습니다. 후쿠자와는 18세기의 평등 사상을 표현한 대표적인 문서인 미국독립선언서를 번역하여 『서양 사정』에 수록했던 것입니다. 그러나 『학문의 권장』을 쓴 1872년이 되어 후쿠자와는 개개인의 본질적 차이가 존재하는 것을 재빨리 인정하고, 이는 노력과 근면의 차이에서 유래하는 것이라고 하였습니다. 그리고 그는 이러한 차이가 국가간에도 존재한다고 지적하고 다음과 같이 적고 있습니다.

> "오늘날의 세계를 둘러보면, 문학과 군비(軍備)를 적극적으로 행하여 부강한 나라가 있고, 혹은 야만 미개하여 문무(文武)가 모두 부실하고 빈약한 나라도 있다. 일반적으로 유럽 · 아메리카의 여러 나라들은 부강하고, 아시아 · 아프리카의 여러 나라들은 가난하고 약하다."

수년 후 후쿠자와는 문명의 발전을 3단계로 설명하였습니다. '야만국' · '반개화국'(일본이나 중국은 이 단계에 있다고 하였다), 그리고 개화된 '문명국'의 3단계입니다. 문명국에는 문화와 문학뿐

이와쿠라 사절단의 주요 성원들(좌로부터 기도 다카요시, 야마구치 나오요시, 이와쿠라 도모미, 이토 히로부미, 오쿠보 도시미치)

만 아니라 탐구심과 과학이 존재한다는 것을 지적했습니다. 일본이 제3단계에 도달할 수 있는 방법은 후쿠자와의 독자에게는 명백한 것이었습니다.

1871～1873년의 이와쿠라 사절단은 정부의 지도자들에게 21개월에 걸쳐서 자신의 눈으로 세계 각국을 시찰하는 기회를 부여했습니다. 그것은 결코 흔한 관광 여행은 아니었습니다. 특명 전권대사로 사절단을 인솔한 이와쿠라 도모미(岩倉具視)[14]는 신정부의 가

14) 이와쿠라 도모미(1825～1883)는 교토 출신으로 메이지 유신의 공신이다. 공무 합체(公武合責)에 노력을 기울였고, 유신 후에 우대신(右大臣)이 되었다. 조약 개정 준비를 위해 구미에 도항하였다.

이와쿠라 도모미(1871년부터 1873년까지 미국과 유럽에 파견된 사절단을 인솔한 메이지 초기의 정치가)

오쿠보 도시미치(메이지 초기 사쓰마번의 번사로 이와쿠라 사절단에 참가하였다)

장 위신있는 지도자 중의 하나였습니다. 부대사는 도쿠가와 막부를 무너뜨린 연합 세력의 실력자였던 오쿠보 도시미치(大久保利通)[15] · 기도 다카요시(木戶孝允),[16] 그리고 나중에 근대국가 건설의 주요 설계자가 된 이토 히로부미(伊藤博文)[17] 등이었습니다. 이 참여자의 면면을 보면, 그들이 장기간에 걸쳐 일본을 떠나 있던 것을 의문시하는 사람들이 있었던 것도 이상하지는 않습니다. 또한 해외에 나간 사절들은 자신들이 없는 사이에 정부가 마음대로 신제도를 제정하거나 대개혁을 실시하지 말도록 정부의 약속을 받은 것도 당연한 일이었습니다. 해외에서 시찰하고 조사하는 분야를 가능한 한 넓히기 위해 각 성(省)의 대표도 사절 일행에 포함시키고, 서기관 · 전문조사관 등을 포함한 사절단은 50명 가까이로 늘었습니다. 이것은 중요한 구성원만의 숫자이고, 여기에 조슈(長州) · 사가(佐賀) · 후쿠오카(福岡) · 가나자와(金澤) 등의 구 번주들

---

15) 오쿠보 도시미치(1830~1878)는 사쓰마(薩摩)의 번사(藩士)로 메이지 유신의 공신이다. 판적 봉환(版籍奉還)과 폐번 치현(廢藩置縣)을 감행하고 정한론(征韓論)에 반대하였다. 메이지 정권의 중심 인물로 정권의 강화와 발전을 위해 노력했다.

16) 기도 다카요시(1833~1877)는 조슈(長州)의 번사로 정치가이다. 사쓰마와 연합하여 막부를 무너뜨리는 데 가담하였다. 유신정부의 수뇌 중에서 가장 개화된 생각을 가지고 있었다.

17) 이토 히로부미(1841~1909)는 메이지 유신 때 공적을 세웠고, 정치가로 활약하였다. 유신 후에 번벌(藩閥) 정권의 중심이 되어 헌법 제정에 참여하였다. 수상 · 추밀원 의장 · 귀족원 의장을 역임하였다. 또한 청일전쟁의 강화 전권대사, 1905년 조선 통감을 지냈다. 하얼빈에서 안중근에게 암살당했다.

이 각각 수행원을 데리고 참여하였고, 또 마데노코지(萬里小路)나 시미즈다니(淸水谷) 등의 귀족들도 이름을 올리고 동행하였습니다. 홋카이도(北海道)의 공무원들도 사절단에 포함되었습니다. 그중에는 서양의 여자 교육을 배우는 개척자로 파견된 5명의 어린 여자 유학생도 있었습니다. 더욱이 수십 명의 유학생도 포함되어 있었습니다. 이렇게 하여 사절단의 총 인원은 100명 가까이로 늘어났던 것입니다. 출발에 앞서서 사절단은 천황을 배알하고 국교를 수립한 나라들을 방문하여 여러 제도를 견문하여 보고하라는 칙어를 받았습니다. 일행의 환송식은 당시 아직 건설중이었던 요코하마(橫浜)역에서 행해졌습니다. 일행이 떠나는 광경을 메이지 초기의 화가는 서양화 기법으로 화려하고 엄숙하게 그렸습니다.

사절단의 주요 멤버 중에서 외유 경험이 있던 사람은 이토 히로부미 단 한 사람뿐이었습니다. 수행원 중에는 양이론자(攘夷論者)[18]를 교육할 목적으로 몇 명의 양이주의자를 의도적으로 포함시켰습니다. 그러나 이 목적은 부분적으로만 달성되었을 뿐이었습니다. 완고한 양이론자로 알려졌던 무라타 신파치(村田新八)[19]도 그중 한

18) 양이론이란 외국을 배척하고 쇄국을 주장하는 논의인데 막부 말기에 대두하였다. 유교의 중화 사상에 기반을 두고 있다. 개국론과 대립하는 입장으로 존황론과 합류하였다.

19) 무라타 신파치(1836~1877)는 사쓰마의 번사(藩士)로 사이고 다카모리의 심복이었다. 사립 학교의 창설에 진력하였다. 세이난(西南) 전쟁에 참여했다가 시로야마(城山)에서 할복자살하였다.

1871년 이와쿠라 사절단이 요코하마항을 출발하는 모습(큰 배로 가는 작은 증기선에 이와쿠라 · 오쿠보 · 기도가 타고 있다)

사람이었습니다. 그는 프랑스에 1년 체류하고 군사에 대해 교육을 받고 귀국했는데, 그때 마침 전쟁이 시작되었습니다. 무라타는 사이고 다카모리(西郷隆盛)[20]에게 달려가서 전쟁에 참가하여 사쓰마

20) 사이고 다카모리(1827~1877)는 사쓰마의 번사이고 메이지 유신의 공신이다. 막부를 공격하는 운동에서 활약하였다. 1868년에 대총독군 참모로

(薩摩)군 대대장으로 전사하였습니다. 야스바 야스카즈(安場保和)도 사절단에 참가한 양이론자의 한 사람이었는데, 그는 아라비아 숫자에 너무도 약하여 호텔의 방 번호는 고사하고 층수조차도 기억하지 못하는 꼴이었습니다. 야스바는 대사에게 간곡히 청하여 허락을 받고 도중에 귀국하고 말았습니다. 이와 같이 외국 여행은 아직은 누구에게나 맞는 것은 아니었습니다.

그런데 사절단 일행의 압도적인 다수는 온건한 변혁을 착실하게 도입해야 한다는 견해에 도달하게 되었습니다. 그런 의미에서는 커다란 성과를 올렸던 것입니다. 개혁급진파는 일본과 서양 세계의 사이에 상당한 거리가 있다는 사실에 압도되어 보다 현실적인 사고를 하게 되었고, 한편 보수파는 변혁에 반대해 봤자 아무런 희망이 없다는 것을 깨닫게 되었던 것입니다. 그들의 이러한 결론은 일본인이 존경하던 외국인 조언자들의 충고와 일치되는 내용이었습니다. 해리 팩스(Harry Parkes) 영국 공사는 성급한 수단을 취하는 것을 경고하였고, 독일인 의사 어윈 벨츠(Erwin Bälz)는 개혁의 속도에 신중을 기해야 한다고 끊임없이 시사하였습니다. 또한 세계일주여행 도중에 일본에 들른 그랜트(Grant) 장군은 자유는 일단 주어지면 그것을 쉽게 다시 빼앗을 수 없는 것이라는 점을 신정부의 지도자들에게 경고하였습니다. 1892년에 국제 결혼에 대한 견

에도성을 평화리에 함락시켜서 육군 대장 겸 참의(參議)에 이르렀다. 1873년에 정한론(征韓論)이 받아들여지지 않자 퇴관하고 귀향하였다. 1877년에 병사를 일으켰으나 패하고 시로야마(城山)에서 자결하였다.

해를 타진했던 허버트 스펜서(Herbert Spencer)는 소의 교배에 관한 지식에 기초하여 다음과 같은 반대의견을 표명했습니다.

> "내가 드리고 싶은 말씀은 모든 점에서 신중하라는 것입니다. 처음에 말씀드린 것을 반복합니다만, 다른 인종과는 분명하게 선을 긋게 하는 것이 좋다고 말씀 아뢰니다."

이와쿠라 사절단의 공식 보고서는 사가(佐賀)번의 무사 가문 출신으로 유학의 소양도 갖춘 구메 구니타케(久米邦武)의 저작으로 남아 있습니다. 구메가 쓴 5권으로 된 공식 보고서[21)]와 그가 90세 때에 구술한 회고록을 통해 우리들은 사절 일행이 외국에서 받은 선명한 인상의 일부를 재현할 수가 있습니다.

구메도 그 당시의 여러 사람들과 마찬가지로 세계 각국의 지위 서열에서 일본의 위치를 재조정하였습니다. 그가 다시 만든 새로운 서열표의 필두에는 중국 대신에 서양의 여러 나라가 들어갔던 것입니다. 구메는 서양의 여러 국민이 동양의 여러 나라 국민에 비해서 더욱 근면하고 적극적이고 게다가 재능에서도 더욱 우수하다고 판단했던 것같습니다. 말린 메이요(Marlene Mayo) 교수가 지적하는 것처럼, 이러한 판단의 기준은 아마도 물질적 관점에 기인한

21) 구메 구니다케가 쓴 보고서는 『특명전권대사 미구회람실기(特命全權大使米歐回覽實記)』이고 이와나미(岩波)문고에서 간행하였다.

다고 생각됩니다. 어떤 사회에서 생산되는 물적 재화는 그 나라의 문명 상태를 잘 나타내는 지표가 되는 동시에 부(富)의 배분 상황에 따른 지표이기도 합니다. 사회 전체의 부가 구성원들 사이에 어떻게 분배되어 있느냐는 것도 그 사회의 문명 정도를 재는 척도라 할 수 있습니다. 더욱이 국민의 활력을 결집하기 위한 여러 제도들의 검토를 통해서도 그 나라의 문명 상태는 평가할 수 있었습니다.

이와쿠라 사절단은 205일간 미국에 체류하였습니다. 이는 일본인에게 처음으로 장기간에 걸쳐서 바깥 세계를 직접 관찰하는 기회를 제공한 것이었습니다. 일행의 미국 체류가 장기간이 된 이유로는 우선 광대한 대륙을 횡단하는 데 많은 시일이 걸렸기 때문이었습니다. 또한 외교 교섭에는 전권 위임장이 필요하다는 것을 알게 되어 이토와 오쿠보 두 명의 부대사가 본국 정부에서 위임장을 받기 위해 갑작스럽게 귀국하는 사태가 발생했기 때문이기도 했습니다. 그러나 도중에 귀국해서 받아온 전권 위임장은 실제로는 거의 도움이 되지 않았습니다. 왜냐하면, 조약 개정을 위한 외교 교섭을 진행하는 것은 이와쿠라 사절단의 부차적인 목적에 지나지 않았고, 실제적인 목적은 어디까지나 서양의 여러 나라를 배우기 위한 시찰과 조사에 있었기 때문입니다. 이토 등 몇몇 사람이 일본에 다녀오는 것을 기다리기 위해 일행의 미국 체류는 예정보다 길어졌던 것입니다. 그러나 그 때문에 메이지 시대 초기의 일본에 중요한 의미를 갖게 되는 미국이라는 본보기를 일행이 보다 자세히 견학할 수 있었다는 점에서는 체류가 길어진 것이 적절하였다고 생각됩니다.

구메의 보고서는 미국이 풍부한 자연자원과 인간의 의지가 잘 결합되어 합중국으로 형성되기에 이르렀던 점을 높이 평가하고 있습니다. 그리고 이 같은 인간의 의지는 유럽 전역에서 모여든 사람들에 의해 구축된 이 사회의 특징인 자주독립의 정신에 유래하는 것이라고 기록하였습니다. 미국이라는 나라는 유럽 사람들이 자주독립심을 발전시킨 토양이라고 생각했습니다. 미합중국 국민은 현명하여 통일성이 없는 오래된 유럽의 국가 단위를 자주적으로 포기하고 특히 외교 관계에서 효과적으로 행동할 필요성 때문에 중심력이 강한 국가를 만들어 냈다고 지적하였습니다. 미합중국의 정치 체제는 새로운 독일의 정치 체제와 마찬가지로 중앙 정부의 역할을 중요시한 것이었습니다. 이들 두 근대 국가 사이에는 표면상 명백한 차이가 있었지만, 그 배후에는 중앙 정부 중시라는 공통점이 있었고, 이것은 봉건 분할 지배에서 탈피하고 있었던 당시의 일본에게 매우 명백한 교훈을 주었습니다.

미국의 경험은 연방 공화 제도가 갖는 강한 힘을 실증한 것이었고, 또한 미국 국민의 공화 제도에 대한 강한 신념과 그들의 왕성한 활력은 눈이 휘둥그레지게 하는 것이었습니다. 그러나 이와쿠라 일행은 자력으로 근대 국가를 구축하는 것이 중요하다는 것을 잊지 않고, 근대 국가의 정치 체제의 핵심은 무엇이냐는 문제와 정치 체제에 무엇을 포함시킬 것이냐는 문제를 분리해서 생각하는 결단을 내렸습니다. 예를 들면, 그들은 미국의 선거 제도에 대해서는 의문을 제시하였습니다. 일반 국민이 인기만 높은 바보스러운 정치꾼이 아니라 현명한 사람을 지도자로 뽑는 능력을 과연 갖추고 있는가, 또한 정치가에게도 국민의 안이한 감정과 인기에 호소하지 않고 국민의 양식에 호소하는 능력이 있는가 등에 대해서 불안을 느꼈던 것입니다. 이와쿠라 사절단 일행이 최종적 분석에서 배울 만한 미국의 장점으로 칭찬한 것은 국민의 의지 · 자원 · 생산성, 이 세 가지가 아주 훌륭히 결합되어 있다는 점이었습니다. 그리고 이 같은 미국에 대한 견해는 메이지 초기에 일본 유학생이 미국으로 가게 된 강력한 자력(磁力)이 되었던 것입니다.

영국의 경우도 규모 · 역사 · 생산성 등이 결합했다는 점에서 미국 이상으로 본보기가 되었던 나라이고, 이와쿠라 사절단은 영국에 122일 동안 체류하였습니다. 구메의 보고서는 미국에 대해서는 397쪽을 적었고, 영국에 대해서는 445쪽이나 할애하였습니다. 독일과 프랑스는 합쳐서 이보다 반 정도의 분량이고, 러시아에 이르러서는 광대한 국토에도 불구하고 독일이나 프랑스의 4분의 1에 지나지 않았습니다. 문명면에서 러시아는 서구의 여러 나라 중에서 가장 낮은 수준으로 간주했습니다. 제품은 조악하고, 무역과 산업은 외국인에게 지배당하고, 나라의 부는 전제적인 정부와 귀족계급에 의해 독점되고, 소작농민은 극심한 빈곤 생활을 할 수밖에 없었습니다. 유럽에서는 동쪽으로 갈수록 문명이 낮아지는 것처럼 보였던 것입니다.

구메 일행은 방문하는 곳마다 각 나라의 표면 현상 밑에 숨어 있는 실체를 정확하게 파악하기 위해 전력을 다했습니다. 그들의 주요 관심사는 서양 문명의 저류가 어떤 것이냐를 아는 데 있었던 것입니다. 서양과 동양의 근본적 차이는 서양 여러 나라 국민 사이에 나타난 만족할 줄 모르는 지적 탐구심과 재물에 대한 강한 경쟁적 태도에 있다고 본 것 같습니다.

> "유럽에서는 정치의 핵심은 '정의'와 '사회'이고, 재산을 보호할 필요에 근거하고 있다. 그런데 동양의 국가에서는 궁극적으로 도덕과 윤리에 기초하고 있다."

어떤 의미에서 이러한 차이는 성악설을 수용하여 개인간의 경쟁을 규제하는 것으로 되어 있는 서양 사회와, 인간의 성질은 본질적으로 착하다고 하는 동양 사회와의 차이에서 오는 것이었겠지요.

그러나 차이가 어떤 것에 뿌리 내린 것이든 지금 실제로 서양에 의해 지배되는 국제 사회는 태양 아래서는 서로 호의적이지만 그늘에서는 서로 시기하는 밀림과도 같다는 것이 구메에게는 명백하였습니다. 이 같은 생각은 이와쿠라 사절단 이전의 구미 사절들의 뇌리를 스쳐갔던 것이기도 했습니다. 1868년에 기도 다카요시는 "만국 공법은 약한 나라를 빼앗는 도구의 하나"에 지나지 않는다고 적었고, 그 다음해에 이와쿠라도 친구에게 보낸 편지에서 "결국은 해외 만국은 우리 황국의 공적(公敵)이고, 해외 만국은 각기 자기네 나라가 다른 나라를 지배하기를 원하고 있다"고 적었습니다.

마찬가지로 후쿠자와 유키치도 1878년의 저술에서 "백 권의 만국 공법은 여러 개의 대포만 못하고, 수많은 화친 조약도 탄약 한 상자만 못하다"고 했습니다. 일본이 이러한 약육강식의 국제 정세에 대응하기 위해서는 부국강병에 힘을 기울여야만 하는 것은 명백하였습니다.

그러나 서양에 파견된 사절들은 일본의 독립을 위협하는 것은 일부 사람들이 생각할 정도로 절박한 것은 아니라고 결론짓고 귀국하였습니다. 예를 들면, 러시아는 아직도 미개국이고 국내 문제에 골몰하고 있어서 일본에게 위협이 되리라고는 보지 않았습니다. 그리고 가까운 장래에 외국과 대립하게 될 것이라고 미리 앞날을 내다보고 대비하는 것보다 오히려 국내를 정비하여 국제 사회에서 위신을 높이기 위한 노력을 해야만 한다는 것이었습니다. 그러기 위해 본보기로 하는 서양의 여러 나라가 결코 모두 똑같은 세계가 아니고 거기에는 여러 가지 차이가 있다는 것이 판명됨에 따라, 근대화를 위해 무엇을 서양으로부터 채용해야만 하느냐는 폭넓은 선택이 있을 수 있다는 것도 알게 되었습니다. 당시의 유럽 현대사에 비추어 보아서, 통일한 지 얼마 되지 않은 독일이나 이탈리아는 공통적인 본보기가 된다고 생각되었습니다. 사실상, 독일과 오스트리아의 예는 면밀한 시찰과 조사의 대상이 되었습니다. 그러나 특정 제도가 당장에 그리고 그대로 자동적으로 채용되었던 것은 결코 아니었습니다. 사절단 일행은 교육 · 정치 · 경제 개발 등 전문 분야별 그룹으로 나뉘어 각 그룹이 모든 방문지에서 관심의 대상이 되는 것을 찾아내었던 것입니다.

사절단 일행이 모든 나라에서 받았던 강한 인상 중 하나는 역사나 전통이 중시되고 있다는 점이었습니다. 서양의 여러 나라에서 볼 수 있는 현재의 진보는 서양의 여러 국민의 역사적 경험에 깊게 뿌리 내린 것이고, 서양이 융성한 원천은 전통을 사랑하는 정신에 있다고 구메는 적고 있습니다. 동양에는 서양의 박물관에 해당하는 시설은 전혀 보이지 않았는데, 서양에서는 박물관과 같은 시설이나 제도가 국민의 지적 · 정신적 계몽에 도움을 주고 있습니다. 방문한 곳마다 박물관의 훌륭함에 깊은 감명을 받은 구메는 다음과 같이 기록하였습니다.

> "진보란 옛 것을 버리고 새로운 것을 도모하는 것을 말하는 게 아니다. 나라는 풍습이 쌓여 발전하고, 또한 나라는 과거의 아름다움을 더욱 빛나게 한다."

사절단 일행은 일본이 얼마나 많은 변혁을 도입해야만 하는가에 대하여 몸으로 통감하였습니다. 먼저 그들은 그리스도교 금지령을 철폐해야 한다는 것을 깨달았습니다. 일본이 그리스도교를 금지하고 있다는 이유로 일행은 가는 곳마다 비난받았습니다. 적어도 미국이나 유럽의 개신교 나라들에서 본 그리스도교의 공공적 도덕성에 대하여 일행은 깊은 존경심을 느꼈던 것입니다. 구메는 성서주의파 그리스도 교도가 초자연주의를 받아들이는 것에는 놀랐지만 미국인의 생활 속에서 담당하는 종교 신앙의 역할—그 내용까지는 언급하지 않았지만—에 강렬한 인상을 받았습니다. 그리스도교의 가르침에 대한 공적인 경외, 어떤 시골 구석에도 존재하는 교회의 건물, 일요일에 교회에 모여서 예배드리는 신자, 성서에 관한 일반 지식의 보급 등등을 자세히 본 구메는 동아시아의 유교와 불교는 완전히 껍질만 남았고 이제는 영향력을 잃었다고 판단하였습니다. 한편, 천주교 나라와 그리스정교의 나라에서는 그리스도교가 제도화된 거대한 재력과 권력을 장악하고 있는 것을 보고 사절단 일행은 깜짝 놀랐습니다. 특히 러시아의 정교회를 본 구메는 놀라움을 금할 수 없었습니다. 유럽의 장대한 교회 건물에 압도된 구메는 일본의 빈약한 사찰 건물을 떠올리며 다음과 같이 기록하였습니다.

"일본의 혼간지(本願寺)[22]를 유럽의 교회와 비교하면 대저택과 초라한 오두막집과 같다. 나는 서양 종교가 교회에 돈을 낭비하는 것을 보고 너무나 놀라웠다."

러시아의 종교에 대해서는 다음과 같이 지적하고 있습니다.

---

22) 혼간지는 불교의 정토진종(淨土眞宗)의 본산이다. 1272년에 교토에서 시작되었다.

“미개한 나라일수록 미신을 중요시하고 우상과 동물을 숭배한다.”

더 나아가서 그는 유럽 여러 나라의 상류 사회에서는 외면적으로는 종교에 대해 커다란 경의를 표명하고 있는 것처럼 보이나 실제로는 권위에 대한 복종을 강화시키기 위해 종교를 이용하고 있다고 단정하였습니다. 사절단 일행의 그리스도교 금지령 철폐 결의가 결코 유교 이론의 약체화에 의해 나온 결론이 아니었던 것은 분명합니다. 일행 중 대부분이 서양에서 본 그리스도교의 실체는 이해할 수 없는 것인 동시에 그들에게 강한 감명을 주기도 했습니다. 일행 중의 한 사람인 사사키 다카유키(佐々木高行)[23]는 종교와 관련시키지 않고는 사회 관습의 개혁이 불가능하다는 것을 확신하고 있었는데, 기도 다카요시는 유럽과 미국 사람들이 왜 이렇게 종교에 열심인가를 이해할 수가 없었던 것 같습니다.

사절단에 속한 사람들이 유럽과 미국 방문을 통해서 도달한 또 하나의 확신은 정부 행동의 전제가 되는 국민적 합의를 잘 형성해 내기 위해서는 어떠한 형태든 대표 제도를 만들어 낼 필요가 있다는 것이었습니다. 유럽의 국가들과 미국이 고도로 개화한 것은 대표 제도가 있는 것과 밀접한 관계가 있다고 그들은 생각했던 것입니다. 이 문제에 대하여 기도가 귀국한 후에 한 발언은 유명합니다.

---

23) 사사키 다카유키(1830～1910)는 도사(土佐)번 출신으로 정치가이자 후작이다. 참의 · 공부경(工部卿) · 궁중 고문관 · 추밀 고문관 등을 역임하였다.

기도 다카요시(메이지 초기 조슈번의 번
사이며 이와쿠라 사절단에 참가하였다)

그는 폴란드의 예를 들어서 정치에 일반 국민이 참여하지 않는 것은 국가의 독립에 치명적이라고 논하였던 것입니다. 일본에서는 의회정치의 준비가 아직 정비되지 않았지만, 1868년의 '5개조 어서문'을 장래에 만들 헌법의 기초로 삼아야 한다고 기도는 주장했던 것입니다. 기도가 자신이 참여해서 기안했던 '5개조 어서문'의 이러한 역할에 생각이 미쳤던 것이 사절 부대사로 미국에 체류할 때였다는 점은 흥미깊은 사실입니다. 구메는 워싱턴에 체류하는 중에 시간적 여유가 생기면 미국 헌법의 번역을 시작하였습니다(그것은 habeas corpus〈신체의 자유 보호〉, justice 등을 어떻게 번역해야 하느냐는 점에서 너무나 힘들고 고민스러운 일이었습니다). 기도는 번역 작업을 하는 구메를 여러 차례 방문해서 둘이서 논의를 하였는데, 구메의 번역 작업이 진전되면서 일본의 장래를 어떻게 할 것이냐는 문제를 논의하기에 이르렀습니다. 어느 날 자신을 방문한 기도에게 구메는 이렇게 말했습니다.

> "지금 일본은 세계적인 대개혁을 이룩하는 시점에 있으므로, 일단 좋다고 생각하여 실시했더라도 불가한 것을 발견하게 되는 일은 이상하게 여길 것이 없다. 당분간 조령모개는 어쩔 수 없지만, 어떠한 정해진 틀이 없는 정령(政令)이라 할지라도 천황이 천지신명에게 맹세한 조건을 반대하는 사람은 아마도 없을 것이다."

이 말을 듣고 기도는 놀라며 "천황이 천지 신명에게 맹세했다는 것이 무엇인가?"라고 반문하였습니다. "5개조 어서문이오"라고 구메가 대답하자, 기도는 놀라서 손뼉을 치면서 "옳지! 그것이 있었지. 어서문을 지금 가지고 있는가?" 하고 물었다. 구메는 일본에서 가지고 왔던 어서문 사본을 고리짝에서 꺼내 기도에게 보여 주었다. 다음날 기도는 "어서문은 어젯밤에 몇 번이나 반복하여 숙독했는데, 실로 잘 만들어진 것이다. 이 뜻은 결코 바꾸어서는 안 된다. 내가 살아 있는 동안에는 죽음을 걸고 지지하겠다"고 힘주어 구메에게 말하였습니다. 이리하여 이와쿠라 일행의 외유중에 우연히도 '5개조 어서문'은 새로운 의의를 갖게 되었고, 그 후의 일본의 의사(意思) 결정을 이끄는 데에 크나큰 힘이 되었던 것입니다.

이와쿠라 사절단의 상층부 인사들은 각국 방문을 마친 다음 도쿄의 임무에 복귀하기 위해 귀국하였는데, 일행 중 젊은 사람들은 서유럽에 남아서 공부를 계속하게 되었습니다. 그중에는 가쓰라 다로(桂太郎)[24] 장군과 사이온지 긴모치(西園寺公望)[25] 공작도 포함되어 있었습니다. 두 사람은 1870년대에 유럽에 장기간 체류하면서 경험과 학문을 쌓았는데, 훗날 20세기 초기에 일본의 수상으로 활약하였습니다. 이 두 사람은 메이지 유신 후에 유럽으로 간 일본인 유학생들 중에서도 가장 유명합니다. 1868년에서 1902년까지 발행된 유학생 여권은 실로 11,248건에 달했습니다. 이것은 근대기에 들어서 최초의 대규모 유학생 파견이었습니다(그 다음 규모는 20세기 초기에 중국인 유학생의 도일〈渡日〉입니다). 일본인 유학생에게 유럽보다 미국이 인기가 있어서 유학생 중 반수 이상은 지리적으로 가깝고 경비 문제 · 학습 분야가 광범위하다는 점을 들어서 미국으로 건너갔습니다. 이와 더불어 일본에 있던 미국인 선교사와 고용된 외국인들이 도와주고 격려해 준 것이 미국에 가는 유학

24) 가쓰라 다로(桂太郎, 1847～1913)는 육군 대장으로 정치가이며 공작 작위를 받았다. 군대 제도의 개혁을 추진하였다. 세 차례 수상을 역임하였고, 영국과 일본의 동맹 체결, 러일전쟁과 한일합방조약을 체결하는 일을 수행했다. 입헌정치 유지를 위해 힘썼으나, 헌정옹립 운동으로 사임한 후에 입헌동지회를 조직하였다. 메이지 법률학교를 창설하였다.

25) 사이온지 긴모치(1849～1940)는 정치가로 메이지 유신 때에 공적을 세웠다. 1870~1880년 프랑스에 체류하였다. 후에 정우회 총재와 수상을 역임하였다. 1919년에 파리강화회의 수석 전권위원을 지냈다.

생 수가 많아진 이유였다는 점은 분명합니다. 그러나 이와쿠라 사절단이 귀국한 후 10년 동안에 한정한다면, 정부 파견 유학생은 거의 다 독일로 갔습니다. 이것은 정치 · 법률 · 과학 · 군사 등의 분야에서 중앙집권형의 유럽 모델을 채용하는 것이 보다 적절하다는 판단에 의한 것이었습니다. 미국에 간 유학생의 절대수는 유럽에 간 유학생 수보다 많았는데, 귀국 후에 수행한 역할면에서는 유럽에 간 유학생에 비해 그다지 큰 것은 아니었습니다. 이와쿠라 사절단의 임무 중에는 일본의 장래를 떠맡을 유학생들의 현지 조사가 포함되어 있었습니다. 어떤 시기에는 문부성 예산의 21%라는 큰 비율을 유학생 파견에 사용했던 적이 있을 정도로 유학생을 대량으로 해외에 파견했던 것입니다. 그러나 보다 신중한 계획을 세우는 관료들이 생기면서 이 같은 지출은 대폭적으로 삭감되었습니다. 그리고 높은 급료를 주면서 초청한 이른바 고용된 외국인을 활용하여 오히려 국내 교육 기관의 충실화에 주력하게 되었습니다. 더욱이 1890년대에 이르면, 외국인이 고용되었던 자리는 대부분 일본인으로 대체되었습니다. 점차 일본의 교육 기관과 조직도 확립되었습니다. 이에 따라 국비 유학생을 파견하는 목적도 일본에 없는 지식과 기술을 익히기 위한 것보다 숙련된 학자나 기술자에게 외국에서 차분히 공부할 기회를 주고 서양 지식의 기초를 더욱 강화하기 위한 프로그램으로 바뀌게 되었습니다. 그 즈음에는 이와쿠라 사절단을 동행하여 미국과 유럽에 건너갔다가 그대로 남아 있었던 유학생들이 귀국하여 활약하기 시작했습니다. 그들 중에는 쓰다 우메코(津田梅子)[26]와 이토 히로부미(伊藤博文) 등이 있었습니다. 쓰다는 귀국한 후, 일본에서 최초의 여자 대학이 된 에이가쿠주쿠(英學塾)를 창설하였습니다. 이토는 메이지 헌법을 기초하고 나중에는 수상이 되었고, 추밀원 의장으로도 활약하였습니다. 그는 국내에서 많은 영예를 얻었을 뿐 아니라, 1863년에 그가 몰래 잠입했던 나라인 영국에서 바스의 기사 작위(Knight of the Bath)를 받았고 또한 예일대학에서 명예박사학위를 받는 등 외국에서도 빛나는 명예를 누리는 인물이 되었습니다.

일본의 해외 사절단들은 서양을 다시 평가하게 된 반면, 동양의 나라들에 대해서는 비관적인 평가를 한층 강화하게 되었습니다. 사절단의 본래 목적에서 본다면, 알렉산드리아 · 수에즈 · 홍콩 · 광동(廣東) · 상해 등은 별로 중요하지 않은 기항지에 지나지 않았고, 일행은 거기서 본 불평등 사회, 게으르고 부패한 사회의 불행한 상황에 대해서는 피상적인 감상을 적는 정도였습니다. 후쿠자와 유기치는 저서 『학문의 권장』에서 중국인은 다른 나라에 대하여 완고하다고 할 만큼 무관심하다고 호되게 비판하였습니다. 구메의 보고서에서도 아시아인에 대한 애착이나 친근감은 거의 찾아볼 수 없습니다. 구메는 돌아오는 길에 들른 항구 도시들에서는 잘 정돈

26) 쓰다 우메코(1864～1929)는 일본 여성의 전문 교육에 힘쓴 교육자이다. 미국에 유학하고 귀국하여 화족(華族) 여학교와 여고사(女高師) 교수를 역임하였다. 1900년에 설립한 에이가쿠주쿠(英學塾)는 나중에 사립 여자대학인 쓰다주쿠대학이 되었다.

된 외국인 거주지와 빈곤이 그대로 드러나는 현지인의 거주지가 대조적인 것을 지적하고, 특히 아편이 만연한 중국에 대해서는 노골적으로 경멸감을 드러내고 있습니다. 일본의 지식인들이 이러한 중국의 실정을 직접 보고 듣게 되면서 중국 문명과 그 우아함에 대하여 오랫동안 품어 왔던 존경심은 어쩔 수 없이 붕괴될 수밖에 없었습니다. 그래도 일반 민중 사이에서는 아직도 종래의 중국관이 계속 유지되었던 것이지요. 그러나 청일전쟁과 러일전쟁에 종군했던 수만 명의 일본 병사들의 직접적인 체험과 인상에 의해 일본인의 중국에 대한 우월감이나 중국 멸시가 널리 국내에 침투하였고, 그러한 우월 의식에 기반을 둔 중국 이미지가 고정되기에 이르렀다는 것은 의심의 여지가 없습니다.

1870년대의 구메의 부정적인 중국 인상이 10년 후에 후쿠자와의 유명한 탈아론(脫亞論)으로 발전하면서, 우리들은 20세기 일본의 중국에 대한 감정의 싹을 분명히 볼 수 있습니다. 탈아입구(脫亞入歐)를 주장했던 후쿠자와는 1885년에 다음과 같은 글을 썼습니다.

> "중국과 조선은 우리의 인접국이라고 해서 그들과 우리의 관계에 특별한 예의는 필요하지 않다. 서양인이 그들을 대하는 방식대로 우리도 처신하면 될 것이다. 나쁜 친구와 친하게 지내는 자는 함께 악명을 면하기 어렵다. 우리들은 동아시아의 나쁜 친구를 멀리할 것을 마음에 새겨야 한다."

이리하여 중국을 정점으로 한 종래의 위신 서열 구조는 결정적으로 재구성되고 말았던 것입니다. 이와 거의 같은 시기에 작위 제도의 제정에서 호칭을 어떻게 할 것이냐로 골치를 썩고 있던 이토 히로부미는 1884년에 자신의 부하에게 다음과 같은 편지를 쓰고 있습니다.

"중국의 제도를 사용하는 것을 피할 수 없어서 고민하고 있다. 다른 의견이 있으면 나에게 알려다오."

이상을 개괄하면, 먼저 이와쿠라 사절단에 속했던 사람들은 서양의 여러 나라가 결코 같은 모양이 아니고 나라마다 큰 차이가 있다는 견해를 갖게 되었다는 점을 지적할 수 있습니다. 그들은 특정한 한 나라를 맹목적으로 추종하지 않았고, 각국의 장점과 단점을 두루 살펴서 기록하였습니다. 전체적으로 서양은 종래의 동아시아 모델보다 훨씬 진보되어 있지만, 최종적으로 어떤 모델을 선택하여 본보기로 할 것이냐는 기준은 메이지 국가가 어떤 이익을 얻을 수 있느냐는 관점에서 결정되었습니다. 민족주의 의식에 불타고 있던 이와쿠라 사절단의 길잡이가 된 것은 황실의 기반을 강화하고 지식을 세계에서 구하는 것을 주장했던 '5개조 어서문'이었습니다.

역사가는 자신이 열정적으로 추구하는 주제에 사로잡혀서 그 주제가 역사 전체에서 갖는 중요성을 왜곡시켜 버리는 일이 없도록 스스로를 경계해야 합니다. 이와쿠라 사절단은 메이지 초기 일본에 나타난 여러 가지 변혁을 추구하는 움직임의 상징이었지만, 결코 그 원천 자체는 아니었습니다. 이와쿠라 등이 일본을 떠나 있는 동안에 그들이 자리를 비운 도쿄의 정부는 많은 개혁을 적극적으로 추진했던 것입니다. 서양, 특히 영국과 미국에 유학생을 파견하는 일은 이미 시작되었고, 이와쿠라 사절단이 출발한 후에도 유학생 파견은 계속해서 실시되었습니다. 어쩌면 이와쿠라 사절단이 수행한 최대의 직접적인 업적은 자신들의 미국과 유럽의 견문을 통해 외교 문제에 신중하게 대처해야 한다는 것을 새롭게 이해하게 되었다는 것이겠지요. 그러나 아무리 새로운 인식이라고 하더라도 장기간 일본을 떠나 있다가 귀국한 그들이 정부의 중요요직에서 일하지 못했더라면 그다지 큰 의미를 갖는 것은 아니었을 것입니다. 오늘날, 톱 리더들이 1년 반 이상이나 나라를 떠나 있는 모험을 감행할 개발도상국이 과연 어느 정도 있을까요? 이것은 당시의 일본인이 자국 사회의 안정성과 단결성을 얼마나 강하게 확신하고 있었느냐를 보여 주는 것이고, 또한 근대화를 위한 제도 개혁의 속도를 스스로 설정하고 수행한 자기 능력에 대한 자신감이 있었음을 분명하게 보여 주는 것이라고 할 수 있습니다.

3. 새로운 일본주의

이와쿠라 사절단이 귀국한 다음, 넓은 세계에서 수집한 지식이 실제로 활용되기 시작하였습니다. 서양의 여러 나라가 갖고 있는 힘에 관하여 이와쿠라 사절단 일행이 도달한 결론은 드디어 조선에 대한 군사 침공 결정을 반대하는 것으로 나타났는데, 그것은 정부 지도자 사이에 분열을 초래하였습니다. 이 대립은 부분적으로는 해외 체험자와 비체험자의 대립이기도 하였습니다. 그리고 이 분열은 사무라이의 반란으로 이어졌습니다. 입헌 정부의 즉각 개설을 주장하는 사람들—그들의 대부분은 해외 비체험자들이었습니다—은 점진주의자와 정면으로 대립하였고, 정부 수뇌가 바라고 있던 위로부터의 개혁을 통한 질서있는 근대화 과정을 복잡하게 만들어 버렸습니다. 정부에는 정부 나름대로의 독자적인 근대화 방침이 있는 것이 보통인데, 서양의 열강에게 강요당한 불평등조약의 개정 승인을 조금이라도 빨리 성립시키려고 한 나머지 여러 가지 형태로 유럽화(歐化)[27] 노선을 추진했습니다. 그리고 이것은 정부 비판파에게 아주 좋은 공격 목표가 되었습니다. 정부의 극단적인 유럽화주의는 정부 비판자들의 눈에는 이와쿠라 사절단이 건의한

27) 유럽화(歐化)란 유럽식으로 하는 것을 의미한다. 메이지 20년대 전후에 유럽 문화의 이식을 목적으로 한 외교 정책 및 사회 풍조를 유럽화주의라고 한다. 유럽화 정책에 따라 생활의 양식화가 보급되었다.

신중한 선택주의의 입장을 포기하는 것으로 비쳤던 것입니다.

1880년대의 유럽화 운동은 서유럽의 제도 · 문물 · 예의범절에 대한 예찬이 정점에 달한 것을 나타냅니다. 이 시기에도 많은 유학생들이 유럽과 미국으로 건너갔는데, 그들의 일기와 회고록에서 세계 선진국의 서열에서 일본의 지위가 낮다는 것을 알게 된 불안과 곤혹감을 간파할 수 있습니다. 그들은 해외에서 만난 일본의 외교관이나 장기 체류자들에게도 일본의 국제적 지위가 낮다는 것을 듣고 충격을 받고, 그것을 깊이 인식하였던 것입니다. 모리 오가이(森鷗外)[28]는 위생학을 공부하기 위해 독일에 유학하였는데, 베를린에서 아오키 슈조(青木周藏)[29] 공사를 방문했을 때 공사가 그에게 한 말을 『독일 일기』의 첫머리에 적었습니다.

> "무엇을 공부하느냐?" "위생학입니다." "위생학을 수업하는 것은 좋다. 하지만 귀국해서 즉시 그것을 응용하기에는 필시 어려움이 많을 것이다. 발가락 사이에 나막신의 끈을 꿰어 걷는 백성들에게 위생론은 필요없으니까."

---

28) 모리 오가이(1862~1922)는 도쿄대학 의과 출신으로 작가이다. 군의가 되어 유럽에 유학하였다. 육군 군의 총감 · 제실(帝室) 박물관장을 역임하였다. 문예에 조예가 깊어서 서구의 문학을 번역 · 소개하고, 창작 및 비평에도 힘써서 메이지 시대 문단의 중진이 되었다.

29) 아오키 슈조(1844~1914)는 메이지 시대의 외교관이다. 외무대신을 지냈고 조약 개정의 임무를 수행하였다.

메이지 후기 일본식과 서양식이 혼합된 복장을 한 손님들이 우편엽서를 살펴보고 있다.

극단적인 유럽화주의자였던 외무대신 이노우에 가오루(井上馨)[30]는 1887년에 대담하게도 다음과 같이 적고 있습니다.

"우리 제국 및 백성을 변화시켜서 마치 유럽의 나라와 같게, 마치 유럽의 백성과 같게 바꾸는 것뿐이다. 이것은 유럽적인 하나의 새로운 제국을 동양에 만들어 내는 것이다."

30) 이노우에 가오루(1835~1915)는 메이지 시대의 정치가로 후작의 작위를 받았다. 유신 후에 외상 · 농상 · 내상 등을 역임하였다. 재정과 경제 분야에 많은 공을 세워서 만년에 원로로 대우받았다.

또한 1886년에 유럽에서 귀국한 무쓰 무네미쓰(陸奧宗光)[31] 도 유럽화 노선을 강하게 주장하고 교육과 도덕 등 눈에 보이지 않는 것에서부터 의복 · 음식 · 가옥 등 일상생활의 구체적인 유형물에 이르기까지 모든 것을 유럽식으로 바꿀 필요가 있다고 하였습니다. 이와 같이 일본인의 서유럽 문화에 대한 열등감의 고백은 이와쿠라 사절단 단원들이 의식했던 열등감을 훨씬 넘어서서 확산되어 갔는데, 드디어 이에 대한 반동으로 일본인의 문화적 자의식을 긍정적으로 재평가하는 운동이 출현하게 되었습니다.

새로운 일본주의는 중국의 영향권에서 해방되는 반면, 비밀리에 중국의 전통적 가치관을 상당히 포함시킨 것이었습니다. 새로운 일본주의를 정식으로 주장한 것은 1890년에 발포된 '교육칙어'였는데, 그 내용은 청나라의 황제 강희제(康熙帝)[32] 와 옹정제(雍正帝)[33]

31) 무쓰 무네미쓰(1844 ~1897)는 메이지 시대의 정치가로 백작이다. 해병대에서 활약하였는데 1878년에 국사범으로 투옥되기도 하였다. 제2차 이토 내각의 외상(外相)이 되어 조약 개정 및 시모노세키(下關)조약 체결에 공헌하였다.

32) 강희제(1654~1722)는 청나라의 제4대 황제이다. 재위 기간은 1661년에서 1722년까지이다. 삼번(三藩)의 난을 평정하여 대만의 정씨(鄭氏)를 토벌하고 러시아와 네르친조약을 맺어 국경을 명확하게 하였다. 학술을 장려하고 청조 전성기의 기초를 확립하였다.

33) 옹정제(1678~1735)는 강희제의 넷째 아들로 청나라의 제5대 황제를 지냈다. 재위 기간은 1722년에서 1735년까지이다. 독재정치를 하고 관리의 기강을 바르게 하고자 하였다. 지정은제(地丁銀制)를 보급시켜서 재정에 충실을 꾀했다.

의 칙령을 방불케 하는 것이었습니다. 일본인에게 도덕의 중핵, 학교 교육에서 의식의 중핵이 되는 이 당당한 문서는 '우리 국체의 정화(精華)' 및 '교육의 기원'으로 유교의 가르침에 있는 충효 개념을 칭송하고 있습니다. 그리고 충과 효는 '공익을 확산시켜 세상의 책무를 펼치는' 목적과 연결시켜서 '천지와 함께 영원히 계속되는' 황실의 운명을 도와서 강화시키는 것입니다. 그러나 이러한 지침은 '교육칙어'의 본문 중에 정확하게 지적되어 있는 것과 같이 결코 새로운 것은 아니었고, '천황 역대의 선조가 남긴 가르침'이었던 것입니다. 이리하여 세계에 지식을 구하러 다닌 일본의 궤적은 거의 지구 한 바퀴를 돌아 제자리에 돌아온 것입니다.

신일본주의를 지적(知的)으로 정립한 것은 언론인과 철학자들이었습니다. 일본의 전통적 가치 체계를 지리학적으로 또한 미학적으로 해석하고 이것을 헤겔사관으로 정리한 것은 미야케 세쓰레이(三宅雪嶺)[34]의 제자이고 나중에 일본의 중국 연구의 일인자가 된 나이토 고난(內藤湖南)[35]입니다. 그는 중국 철학, 일본적 충성심, 서

34) 미야케 세쓰레이(1860~1945)는 평론가이다. 정교사(政教社)를 창립하여, 잡지 『일본인』을 통해 국수주의를 제창하였다. 신문이나 잡지에 유력한 번의 출신자가 요직을 독점한 정부를 비판하는 글을 다수 썼고, 문화훈장을 받았다.

35) 나이토 고난(1866~1934)은 동양사학자이다. 오사카 아시히신문 등의 기자를 거쳐서 교토대학의 교수가 되었다. 중국학의 발전에 많은 공헌을 하였다. 저서로 『중국회화사』·『중국론』·『근세문학사론』·『일본문화사연구』·『동양문화사연구』 등이 있다.

양의 과학 등 모든 것이 기초가 된다고 하고 문명은 발상지에서부터 새로운 중심으로 이행하는 것이라고 논하였습니다.

"중근동(中近東) 지역의 문명이 서유럽에서 정점에 달한 것과 같이, 중국에서 흥했던 동아시아 문명은 근린의 일본에서 개화하였다. 그러나 유럽은 이미 쇠퇴의 길에 들어섰고, 유럽 사람은 물질중심주의의 허무함을 알아차리기 시작하고 있다. 이러한 상황은 일본에 절호의 기회를 제공하고 있다."

이같이 생각한 나이토는 일본이 나아가야 할 길을 다음과 같이 논하고 있습니다.

"일본의 소명은 서양의 문명을 중국에 전하고 이것을 동양에 널리 퍼지게 하는 데 있지 않다. 중국의 오랜 문물을 보존하고 이를 서양에 팔지 않게 하고 우리 일본의 문명, 일본의 취미, 이것을 천하에 풍미하게 하고, 이것을 널리 빛내는 데 있다. 동양의 덕이 널리 퍼지게 하고, 우리들이 동양의 통치자로서 동양의 여러 나라들 중에서 중국이 가장 크다고 해서 반드시 중국을 중심으로 해야 한다는 것은 아니다."

1890년대에 쓰인 나이토의 이 글에서 아주 새로운 일본인의 세계관과 사명 의식의 발아를 읽을 수 있습니다.

그러면 구메 구니타케의 경우는 어떠했을까요? 회고록을 90세에 구술한 것으로 알 수 있듯이 그는 이례적으로 장수를 하였습니다. 그러나 그의 경력은 얄궂은 우여곡절로 가득 찬 것이었습니다. 1873년에 귀국한 그는 수년에 걸쳐서 이와쿠라 사절단의 보고서를 작성하여 1878년에 간행하였습니다. 구메의 이 대역작을 칭찬한 천황은 500엔을 하사금으로 내렸습니다. 그리고 현명한 구메는 이것을 부동산에 투자하였습니다. 그의 보고서는 가장 뛰어난 여행기로 절찬을 받았는데, 물론 그것뿐은 아니었습니다. 서유럽 여러 나라와 그곳의 사회 현상에 대한 구메의 예리한 통찰과 평가는 당시의 일본인의 서유럽관을 완전하게 묘사한 것이었습니다. 1878년에 구메는 수사관(修史館)[36]에 들어가서 1888년에 도쿄제국대학 국사과 교수로 승진하였습니다. 바야흐로 유교적 합리주의와 서구적 우상파괴주의를 겸비하기에 이르렀던 그는 드디어 일본 고대사의 학문적 신빙성에 대하여 비판을 가하기 시작하였습니다. 그러나 이것은 즉시 신일본주의자들의 빈축을 사게 되어, 그는 제국대학에서 쫓겨나서 신정통학파에 의한 최초의 희생자가 되었던 것입니다. 그 후 구메는 와세다대학에서 가르치며 일본 고대사에 대한 글을 계속 썼는데, 만년에 자신이 급진적인 고대사론을 전개했던 것을 후회했던 것 같습니다.

이 책의 제1부에서는 스기타 겐파쿠가 자신의 생애가 일본에 끼친 크나큰 변화에 스스로 경탄한 회고록을 인용하는 것으로 마무

36) 수사관은 나중에 도쿄대학의 사료편찬소(史料編纂所)가 되었다.

리를 지었습니다. 스기타의 경우 의학 서적을 번역하여 간행함으로써 던진 작은 파문이 드디어 거대한 물결이 되었다는 것을 느낄 수 있었던 것입니다. 마찬가지로 만년의 구메도 자신의 일생이 역사의 대변화를 직접 목격한 생애였다고 확신하고 있었습니다. 그리고 그 대변화는 세계사에 전례가 없는 것이라고까지 구메는 생각했던 것이었습니다. 이러한 감개를 그는 회고록에서 다음과 같이 회고하고 있습니다.

"나의 일생은 고금의 역사 중에서 가장 재미있는 시대였고, 이것을 연극에 비유한다면 나는 가장 재미있는 막을 보았다고 말할 수 있다. 그것도 관객석에는 좌석의 등급이 많은데 다행히도 나는 일등석에서 볼 수 있었던 것을 생애의 행복이라고 자부하고 있다."

세계 현대사의 흐름에 대해 언급한 구메의 다음 글에서 특히 흥미진진함을 느낄 수 있습니다.

"1872년에 우리가 외국에 나갔을 때는 유럽 문명이 절정에 달했던 때였고, 영국인의 안중에는 전세계가 없었다. 그러나 내가 살아 있는 동안 이미 영국인의 퇴조를 보게 되었는데, 그 사이는 불과 5, 60년에 지나지 않는다."

영국이 쇠퇴하게 된 근본 원인이 서양의 물질주의에 있다고 생

말년의 구메 구니타케(이와쿠라 사절단의 보고서를 썼다)

각한 구메는 일본이 이 같은 전철을 밟지 않도록 염원했던 것이었습니다. 그리고 그는 이러한 역사의 대변화기를 만난 행운을 "나만큼 재미있는 시대에 태어난 사람은 아마 없을 것"이라고 자부하면서 다음과 같이 회상하였습니다.

"내 인생의 첫 30년은 상고 이래 봉건 할거로 나뉘고 또 나뉘어

군읍(郡邑)에 소천지(小天地)의 국가를 형성했던 때이고, 중간의 30년은 일본이 통일을 도모하여 세계의 강국이 된 때이고, 마지막의 30년은 일본이 열강의 하나로 세계 평화를 유지하는 데 이르른 때였다."

구메는 1931년에 사망하였습니다.

III. 20세기 일본의 역할 모색

만년의 구메는 세계평화 유지를 위한 일본의 역할에 대하여 낙관적인 견해를 가지고 있었습니다. 그러나 1931년에 그가 사망한 지 몇 개월도 채 되지 않아서 일본은 만주를 점령하였습니다. 이는 1945년에 무조건 항복으로 종지부를 찍을 때까지 계속된 군사침략 시대가 막을 연 것입니다. 일본은 계속 진보할 것이라는 구메의 기대는 스기타 겐파쿠의 기대와 마찬가지로 결과적으로 배반당하고 말았습니다. 자기 회의, 사회적 불안, 국제적 위기 의식 등이 합쳐져서 그 세대의 일본 활동가들을 정치적 행동으로 내몰았고, 국가를 전쟁으로 몰고 갔던 것입니다. 구메가 사망한 후에 일어난 일본의 변화는 그가 파란만장한 생애에서 체험했던 변화보다 훨씬 더 격변적인 것이었습니다.

소수 지도자들끼리의 긴밀한 결속으로 상징되었던 메이지 시대 일본의 일체성은 20세기에 들어오면서 붕괴되고 말았습니다. 그리고 일본 정치는 표면적으로는 보다 진보적인 사고 방식과 제도를 향해 질서정연하게 전진하는 것처럼 보였지만, 과거의 일체성 대신에 관료와 특수 이권 집단이 대두하였고, 일본은 이들이 지배하는 나라가 되었습니다. 그리고 실제적으로 많이 강조된 것은 혁신주의가 아니라 보수주의였습니다. 러일전쟁 후 정부 수뇌의 언동이나 정부 정책에는 사회 변혁이나 급진주의의 대두에 대한 경계가 일찍부터 나타나기 시작했습니다. 그리고 제1차 세계대전이 끝난 후 10년 동안은 사회주의나 공산주의가 일본에 접근하고 전쟁기의 경제 붐에 뒤이어 불황이 출현하면서, 정부는 정통파 및 정치적 사상을 규제하려는 시도를 하게 되었습니다.

이러한 과정에서 예전에 봉건 분열 상태를 탈피하여 국가의 통합과 근대화를 추진하는 매체의 기능을 했던 천황제는 이번에는 반대로 지나친 변혁을 저지하는 방파제가 되었던 것입니다. 다시 말해서, 이 시기에 천황제는 국가 통제의 상징, 국체 및 정통성을 나타내는 상징이 되고 말았습니다. 그리고 이 같은 천황제를 지지한 세대는 청춘기에 존황 사상에 관한 철저한 주입식 교육을 받은 세대였습니다. 메이지 천황은 전국 곳곳을 구석구석 시찰하여 스스로 국민을 질타하고 격려함으로써 국민을 결속시키고 또한 천황에 대한 국민의 친근감을 크게 강화하였습니다. 그러나 이제는 국가 주권자가 된 천황은 국민으로부터 동떨어진 구름 위의 존재가 되어 친근감을 결여한 성스러운 존재로 변해 가고 있었던 것입니다. 천황제가 여러모로 이용될 수 있는 제도였던 것은 분명합니다. 왜냐하면 천황제는 언제나 모든 논의의 본질을 이루는 것이었기 때문입니다. 예를 들면, 의회정치론의 일인자였던 요시노 사쿠조(吉野作造)[1]는 민의와 천황의 의지가 일체를 이루어야 한다는 이론

1) 요시노 사쿠조(1878~1933)는 정치학자로 도쿄대학 교수를 지냈다. 조합

을 전개하였고, 한편 극우주의자인 기타 잇키(北一輝)[2]는 재벌에 의한 금권 정치에서 분리되어 애국 의회가 지지하는 인민 천황의 필요성을 논하였습니다. 또한 군부 급진주의자는 서양 자본주의의 허식에서 탈피하여 메이지 유신을 완성시키는 것을 목표로 하는 쇼와(昭和)유신을 단행할 것을 주장하였습니다. 그러나 천황의 제재나 지지를 가장 잘 이용한 것은 정치의 실권을 장악하고 있던 보수파였습니다. 그들은 정치 과정에 천황이 개입하는 것을 극도로 제약하거나 반대로 과도하게 확대하는 것을 저지하는 데에 성공하였던 것입니다.

의회민주주의의 진보를 지향하는 요시노 사쿠조의 이상주의적 전망은 특수 이권과 결탁한 정치 현실과 종종 대립하게 되었습니다. 또한 기타 잇키의 저작도 엄격한 검열을 받게 되었습니다. 그러나 군대에서는 기타의 논문을 손으로 베껴서 많이 읽었습니다. 사회의 일부인 군대는 자연스럽게 사회의 내부 균열을 이용하고 사회 불안과 외부적 위험에 대한 국민의 경계심을 부채질하였습니다. 혈기왕성한 일부 청년 장교들에게 이러한 내부적 위기는 그들

교회파의 목사로 나중에 도시샤(同志社)대학 총장이 된 에비나 단조(海老名彈正) 문하의 크리스찬으로 다이쇼(大正) 초기에 민본주의를 주창하였다. 정치 · 외교 · 사회의 민주화를 요구하는 논의를 전개하여 지식인층에 커다란 영향을 미쳤다.

2) 기타 잇키(1883~1937)는 『국체론 및 순정사회주의』라는 저서로 유명한 국가의회주의자이다. 일본개조법안을 통해 국가 개조를 주장하였는데, 1936년에 일어난 반란 사건인 2 · 26사건에 연좌되어 사형당했다.

의 주장을 급진화하고 정치화하는 데, 그것은 외부로부터 주어진 절호의 기회였습니다. 그 결과로 그들은 스스로를 메이지유신을 감행했던 젊은 사무라이들에 견주면서 정치적 불안의 진원지가 되었습니다. 한편, 보다 보수적이었던 군대의 상층부는 이 같은 청년 장교들의 움직임을 이용하여 자신들의 지위를 확고히 하고 더욱이 일본의 정치 방향을 결정하는 힘까지도 장악하게 되었던 것입니다.

이러한 움직임의 전체 과정을 통해서 일본 사회와 일본인의 대외 인식도 점진적으로 보다 복잡해졌습니다. 제1부와 제2부에서는 일본인의 체험을 한 세대를 단위로 하여 논하였습니다. 이런 방법이 언제나 현명한 방법이라고는 생각하지 않습니다. 그러나 20세기의 일본을 살펴볼 때에는 이처럼 세대별로 일반화하는 것은 훨씬 곤란해집니다. 이익 집단간의 대립으로 국내 분열이 진행되고 재계와 군부에서도 특정한 이해 관계와 경쟁의 초점에 관한 대립으로 인해 완전히 다른 정책이나 견해가 나오게 되었습니다. 메이지 시대에도 정책의 우선 순위를 둘러싼 문제가 아주 없었던 것은 아니었습니다. 그러나 외부 세계의 구조가 명확했었기 때문에 외부 세계의 인식 방법이라는 문제는 비교적 처리하기 쉬웠던 것입니다. 그렇지만 제1차 세계대전에서 이 구조가 붕괴되어 버리자 외부 세계를 파악하는 방법에 관해 여러 견해가 생기게 되었고, 국제사회에서 일본의 지위가 높아졌기 때문에 일본의 대외 인식이 갖는 의미도 그 어느 때보다도 커졌습니다.

이 시기에 특히 중요한 새로운 정세의 전개로는 다음의 두 가지를 들 수 있습니다. 하나는 제1차 세계대전 후에 나타난 일본과 중국 각각의 민족주의의 상호작용인데, 이것은 동(東)중국해의 양쪽 해안에서 정치적 안정을 파괴하는 결과를 야기한 과정이었습니다. 또 하나는 유럽에서 발생한 전체주의 국가의 대두입니다. 이것을 보고 일본의 엘리트들은 국제 사회의 위신 및 권력의 서열 구조를 다시 생각해 보게 되었습니다. 1922년 일본은 장기간 계속되던 영국과의 동맹 관계를 파기하고 워싱턴 체제(Washington Conference System of Pacts)[3)]로 들어갔습니다. 그리고 1930년대에 들어서자 이번에는 이 체제에서도 이탈하여 독일 · 이탈리아와 손을 잡게 되었습니다. 그리고 새로운 맹우들과 마찬가지로 일본도 근린 지역에서 패권 확립을 위한 전쟁에 돌입하여 패배와 국가 재건을 경험하게 되었던 것입니다.

이 같은 정치외교사의 추이에 따라 국가나 개인이 중시하는 문화적 가치도 변화하였습니다. 그리고 이 변화는 매우 중요한 의미를 갖는 것임에도 불구하고 아직 충분히 연구되지 않았습니다. 이런 변화는 어떤 의미에서는 양학과 한학을 비교하여 한학의 정확성과 실용성에 대해 스기타 겐파쿠가 품었던 의문이 보다 성숙한 형태로 나타난 것이라고도 볼 수 있겠지요. 국학 사상은 일본의 전

---

3) 제1차 세계대전이 끝난 후 1921년 11월에서 1922년 2월에 걸쳐서 워싱턴에서 열린 국제회의이다. 해군의 군비 제한 문제, 태평양 문제 등을 논의하였다. 영국 · 미국 · 프랑스 · 일본의 해군 주력함을 제한할 것을 결정하였고, 9개국 조약 및 4개국 조약이 성립되었다.

통적 가치 체계의 본질을 순화하여 파악하고, 이에 따라 전통의 본질을 지키도록 학문적 · 사상적 관심의 대상을 중국에서 서양으로 바꾸어 버린 것을 정당화하기에 이르렀던 것입니다. 구메의 세대는 서양의 영향이 홍수처럼 유입되는 것을 체험한 후 유교 전통과 예로부터 내려오는 일본의 가치관이 하나가 되어 일본의 정통 사상이 형성되어 가는 과정을 목격하였습니다. 그리고 이 같은 혼합적 가치 체계는 수입된 물질주의와 개인주의의 파괴적 측면으로부터 일본의 문명을 방위하는 것이라고 생각되었던 것입니다. 그러나 이러한 사고 방식은 20세기가 되자 심각한 모순을 초래하게 되었습니다. 다시 말해서 일본의 우월성을 주장한 반면, 수입된 가치관을 통해 오히려 전통적 가치를 강화하거나, 마침내는 제국주의에 의해 제국주의를 타파하려고 시도하기에 이른 것입니다. 일본이 성스러운 나라라는 신화를 부정할 것이냐 아니면 찬동하여 더욱 강화할 것이냐는 선택에 직면한 지식인과 학자들 중에는 정치와는 관계없는 학문의 세계로 도피한 사람들도 많습니다. 또 제2차 세계대전의 도래를, 지금까지 자신들을 계속 괴롭혀 왔던 모순을 한꺼번에 해결할 기회로 인식한 사람들도 있었습니다. 그러나 그들은 '근대성의 극복'을 국민에게 호소하는 엉거주춤한 슬로건을 내걸었을 뿐이며, 곤경은 심화되기만 했습니다. '근대성의 극복'이란 비일본적인 물질주의를 극복하는 것을 의미하였지만, 결과는 반대로 근대성, 즉 비일본적인 물질주의에 극복당하게 되었던 것입니다. 그러나 이러한 슬로건의 여운은 아직도 영향을 미치고 있어서 1970년대의 일본의 공업 문명에서 보이는 불협화음을 한층 복잡한 것으로 만드는 것 같습니다.

이 주제에 대하여 여기에서 충분히 논하기에는 시간이 부족하므로, 제1차 세계대전과 제2차 세계대전 사이의 시기 및 제2차 세계대전중의 일본의 몇몇 측면에 초점을 맞추어서 그것이 현대 일본인의 세계관에 어떠한 빛을 투사하고 있느냐를 검토하고자 합니다. 먼저 제1차 세계대전이 끝나고 제2차 세계대전이 일어나기 전까지의 시기에 대한 고찰에서 시작해 보겠습니다.

1. 두 세계대전 사이

20세기의 첫 3분의 1에 해당하는 시점에 나타난 주요한 국내의 대립은 메이지 세대의 지도자와 그들의 세계관이 시대에 뒤떨어졌다고 비판했던 사람들 사이에서 발생한 대립이었습니다. 메이지 세대는 일본이 대국이 될 수 있었던 것은 영국 함대의 덕분이라고 생각하였고, 일본의 장래를 지키는 최선책은 세계의 주요 해군과 우호 관계 유지를 최우선으로 하는 것에 있다고 믿고 있었습니다. 이 같은 견해를 가장 잘 나타낸 글은 요시다 시게루(吉田茂)[4]의 회

4) 요시다 시게루(1878～1967)는 고치(高知)현 출신으로 외교관이자 정치가이다. 외무차관 · 주영국 대사 등을 역임하였고, 제2차 세계대전 후에 외상

고록에서 찾아볼 수 있습니다. 훗날 수상이 된 요시다는 가장 열렬한 친영파였고, 제2차 세계대전 후에 영국 · 미국과 밀접한 협력 관계를 재확립하는 것이 자신의 사명이라고 생각한 사람이었습니다. 친영미 노선을 명확하게 견지하는 조건하에서 일본은 번영하였고 이것을 버리자 파멸이 도래했던 것은 바로 요시다의 생각과 일치한 결과였습니다. 그러나 1912년에 끝난 메이지 시대 이후에도 친영미 노선을 유지하는 데에는 문제가 있었습니다. 이것은 요시다도 인정하고 있습니다. 문제 중 하나는 청나라의 붕괴에 의해 생긴 새로운 기회를 이용하려는 일본의 선택지가 영국과 일본의 동맹에 의해 제약받는다는 것이었습니다. 세계를 넓게 내다보면 제1차 세계대전 후에 터키 · 러시아 · 독일 등의 제국이 붕괴되었고, 이들 제국의 존재를 전제로 하여 형성된 정책을 계속 시행하는 것은 곤란해졌습니다. 현재의 상황이라고 생각했던 것이 소멸되어 버린 다음인데, 현재의 상황에 계속해서 충실하려는 것이 어떻게 가능하겠습니까?

또 한 가지의 문제는 이리에 아키라(入江昭) 교수가 말하는 미국의 경쟁적 확대주의의 대두입니다. 일본과 미국 사이의 상호 불신이 계속 증대되는 한편, 특히 1915년 일본이 중국에 대하여 21개조

이 되었고, 1946년에 일본 자유당 총재와 수상이 되었다. 1948~1954년에 연속해서 수상을 지내면서 친미(親美) 정책을 추진하였다. 1951년에 샌프란시스코 강화조약에 조인하였다.

의 요구를 강요하게 되자, 영국은 일본과의 유대 관계의 지속을 우려하기 시작했습니다. 성의가 없는 상대와의 동맹 관계를 일본이 어떻게 신뢰할 수 있었겠습니까? 1922년의 워싱턴회의에서 일본에 대항하여 영국과 미국의 결속이 표면화되었고, 특히 1930년의 런던회의에서는 이 결속이 한층 명백해졌습니다. 그리고 대부분의 일본인의 눈에는 외교 관계에서 궁극적으로 힘을 발휘하는 것은 인종적 · 문화적 유대라고 비쳤던 것입니다. 베르사이유회의에서의 인종적 평등을 둘러싼 논의와 1924년 일본을 배척하려는 의도가 담긴 미국 이민법의 성립은 일본이 무엇에 반대하고 있느냐를 분명하게 드러낸 것이었습니다. 20세기 초기에는 메이지의 원로들조차 인종 문제를 둘러싼 정책에 관한 경계심을 더욱 강하게 표명하게 되었습니다. 러일전쟁 때에는 이 전쟁이 아시아에서의 역할 확립을 목표로 하는 싸움이라는 인상을 주지 않도록 세심한 주의를 기울였습니다. 그러나 만약 일본의 이 같은 노력이 헛수고로 끝나고 말아서 서양의 대일협력 약속이 일본의 입장과는 상관없이 서양측의 정책 고려에 의해 좌우된다면, 강국 일본으로서는 서양에 대한 자세를 재고하고 지역 지배를 목표로 하는 계획을 재검토하지 않을 수 없게 되었을 것입니다.

어떻든 군부 내 일부 유력 인사들이 이 같은 사고 방식을 갖고 있었습니다. 그리고 이러한 방향을 향한 움직임은 그리 오래지 않아 제1차 세계대전 때에 나타났습니다. 메이지 세대의 육군 간부들은 영국과 동맹 관계를 끊고 독일과 손을 잡고 아시아대륙 진출을 강행할 것을 진지하게 생각하고 있었던 것입니다. 제1차 세계대전에서는 일본은 높은 곳에서 내려다보며 구경하는 입장에 지나지 않았습니다. 그러나 일본의 육군 지도자들 대부분은 이 전쟁의 경험을 통해서 앞으로의 새로운 국제 경쟁에 대응하기 위해서는 새로운 요구가 충족되어야만 한다고 확신하게 되었습니다. 새로운 국제 경쟁에서 승리는 경제력을 통합적으로 계획한 사람의 손에 들어가게 될 것이라는 확신이 있었습니다. 만약 세계의 경제 자원이 서구의 제국주의자들에 의해 좌지우지되어 일본의 참여가 거절당한다면, 일본도 자원 탈취를 위한 준비를 해야 한다고 했던 것입니다. 이러한 사고 방식을 세세하게 정리한 사람은 육군 대장 이시와라 간지(石原莞爾)[5]입니다. 그는 탁월한 전략이론가이면서 많은 실수를 저지르기도 했던 군인이었는데, 육군대학의 강의에서 세계최종전쟁론을 전개했습니다. 그는 먼저 기술의 진보에 의해 지역패권의 확립을 둘러싼 투쟁이 발생할 것이고 나아가서는 세계패권투쟁으로 이어질 것이라고 예측했습니다. 기술을 효과적으로 이용하기 위해서는 제1차 세계대전 때 독일이 감행했던 것보다 대대적 규모의 국가중앙계획이 필요하고, 최종적 승리와 세계 제패의 귀추를 정하는 것은 연료 보급 없이도 지구를 일주할 수 있는 항공기

5) 이시와라 간지(1889~1949)는 육군 중장으로 만주사변의 주모자이다. 중일전쟁 당시에 참모본부 작전부장으로 지냈고, 동아연맹(東亞聯盟)을 지도하였다.

로 상징되는 공군력이라고 했습니다.

"서양 문명의 우두머리인 미국과 아시아의 맹주인 일본 사이에서 최종 대결이 일어날 것이고, 그날을 위해 일본은 산업을 국가 관리하에 두고 군부독재 체제와 거국일치 정당을 만들어야 한다. 준비는 먼저 동북아시아의 자연 자원, 인적 자원에 대한 지배 체제를 확고히 하는 데에서 시작해야 하며, 그 첫걸음은 만주 점령이다. 다음은 화북(華北) 및 동시베리아를 일본의 영토로 합병하고 미국과 최종 대결하는 데 필요한 대공업 제국을 구축해야 한다."

이시와라 구상은 이상과 같은 것이었습니다.

1931년에 관동군 참모 이시와라는 만주사변을 준비하는 과정에 협력하게 되어 자신의 지론 제1단계를 실행에 옮길 수 있었습니다. 그러나 그 후에는 모든 것이 그의 기대와는 정반대로 전개되었습니다. 꼭두각시 정권을 세워서 만주국을 설립한 정부의 졸렬한 방법을 이시와라는 반대하였습니다. 그는 일본이 중국의 민족주의를 무시함으로써 정치적 · 심리적 기회를 놓치고 말았다고 생각했던 것입니다. 1937년에 중일전쟁[6]이 일어나자 참모본부의 중요한 직책에 있던 이시와라는 일본과 중국의 전면 전쟁으로 확대되는 것

6) 중일전쟁은 1937년 7월 7일에 노구교(盧溝橋) 사건을 계기로 일본이 중국을 침략한 전쟁이다. 15년 전쟁의 제2단계에 해당된다. 일본은 1938년 중국의 주된 도시와 철도 등을 공략했고, 중국은 중경(重慶)으로 천도하여 항거하였다. 이 전쟁은 장기전이 되어 1941년 12월 태평양전쟁으로 발전하였다.

을 막기 위해 최선을 다했습니다. 그는 일본의 계획이나 단결이 아직 불충분하고 대규모의 전쟁에 돌입할 위험을 무릅쓸 필요는 없다고 믿고 있었기 때문이었습니다. 불확대 방침의 가장 강한 지지자였던 이시와라는 드디어 도조 히데키(東条英樹)[7]와 대립하게 되었습니다. 그리고 도조를 면전에서 욕하는 놀랄 만한 행동을 감행한 그는 조기 퇴역을 당할 수밖에 없었습니다. 전후에 이시와라가 주요 전범으로 재판받지 않았던 것은 아마도 빠른 시기에 군대의 중요 직책에서 쫓겨났기 때문이었을 것입니다. 전후에도 이시와라는 아시아에서의 일본의 사명은 트루먼(Truman)이나 스탈린(Stalin)의 구상에 의해서가 아니라 일본의 독자적 구상을 통해서 재건할 수 있다고 생각하여 농촌지역 사회운동을 일으켰습니다. 그는 마지막까지 일본의 독특한 아이덴티티를 추구하는 사람들의 대변인이었던 것입니다.

요시다 시게루의 친영적 입장과 아시아에서 일본의 사명을 화려한 하늘의 계시로 생각한 이시와라의 입장 사이에는 물론 다양한 중간론이 존재하였습니다. 그러나 요시다와 이시와라의 논리는 각각의 논의를 양극으로 갈라 놓는 근거가 되었던 것입니다. 군대 내부의 의견도 정책의 우선 순위와 그 가능성을 둘러싸고 심각하

7) 도조 히데키(1884~1948)는 육군 대장으로 정치가이기도 했다. 관동군 참모장을 거쳐서 1941년 조각에서 육상(陸相)과 내상(內相)을 겸하고 태평양전쟁을 일으켰다. 전황이 불리해지자 1944년 사직하였다. 패전 후에 A급 전범으로 교수형에 처해졌다.

게 대립하였습니다. 러일전쟁 이후, 일본의 군대에는 외적에 의한 시련이라는 경험이 없었기 때문에 군대 조직 안에서는 인맥이나 출신지를 바탕으로 뿌리 내린 파벌이 대립하는 것을 피할 수 없었고, 더욱이 그것은 세대간의 균열에 의해 한층 악화되었습니다. 극단적인 급진파는 청년장교 집단이었는데, 그들은 군대 상층부에 대하여 냉소적 경멸감을 품고 있었습니다. 중요한 것은 그들의 정열이고 부패한 정치에 근본적인 변화를 일으키기 위해서 무력 행동을 감행해야 한다고 그들은 확신하고 있었던 것입니다. 군대 상층부의 일부에도 이러한 과격파 청년장교 집단에 동조하는 사람들이 있었습니다. 이런 사람들은 청년 장교들의 격정을 어느 정도 억제하면서도 군대 중추부에서 자신들의 세력을 확대하기 위하여 그들과 결탁하였던 것입니다. 한편, 보다 온건한 개혁파는 청년장교 집단이 주장하는 영웅적인 궐기를 경멸하고, 무기나 군대 조직의 근대화를 도모하는 것이 중요하다고 강조하였습니다. 그러나 급진파 입장에서 보면, 그같은 근대화는 바로 물질주의에 의존하는 것이었고, 서양에 대한 정신적 굴복을 의미했던 것입니다. 그들의 중점은 모든 물질주의, 특히 소련의 물질주의의 부활에 대항하는 것에 있었습니다. 그리고 그들은 물질주의에 대항하는 싸움을 위해 황군(皇軍) 정신을 고취했던 것입니다. 이같이 군 최고사령부가 1936년 청년 장교의 반란인 '2 · 26사건'[8]을 천황의 요청에 의해

8) 2 · 26사건이란 1936년 2월 26일에 육군의 황도파(皇道波) 청년 장교들이

진압하는 힘을 가졌던 것, 그리고 1938~1939년에 만주와 소련의 국경에서 소련군이 일본의 군사모험주의를 힘으로 제압한 것은 일본군의 내부의 항쟁이 확대되는 것을 저지하는 요인으로 작용하였습니다.

1930년대에 일어난 일련의 사건은 국내에서는 외압에 대한 공포와 자기방어 의식을 높이고, 국외에서는 그에 대한 반발로 일본으로 하여금 침략 행위로 치닫게 하였습니다. 일본의 이 같은 행위는 다른 나라의 비난을 불러일으켰고, 또한 그것이 일본 자신의 진영을 더욱 굳건히 하고자 하는 경향을 강화하게 되었습니다. 중국의 저항과 분노에 대한 일본의 반응에는 편집증적인 증상조차 보였습니다. 그러나 그것은 일본이 중국 본토에 공산주의가 진출하는 것을 매우 두려워하고 있다는 것을 나타내는 것이었고, 또한 불황의 압력과 열강의 경제적 민족주의의 압박이 존재하는 상황에서 국제 협력의 가능성에 대한 일본의 확신이 흔들리고 있다는 것을 나타내기도 했습니다.

이 시기에 일본의 세계관은 더없이 복잡해졌으므로 이를 도식화하여 명확하게 나타내는 것은 너무나 힘든 일입니다. 당시에 한

국가 개조 및 통제파(統制派)의 타도를 내걸고 약 1,500명의 부대를 이끌고 수상 관저 등을 습격한 쿠데타이다. 장관 등 고위층을 살해하고 도쿄의 나가다초(永田町)의 일부를 점거하였다. 다음날인 27일에 계엄령이 공포되었고, 29일에 무혈 진압되었다. 이 사건으로 군부의 정치 지배력은 한층 강화되었다.

창 논의되었던 일본 우월론에 대하여 공공연하게 반론을 제기하는 것은 어려웠고, 이러한 주장에 의문을 품고 있던 많은 사람들도 침묵할 수밖에 없었습니다. 정치적 온건파나 대부분의 재계 인사들이 국제적 신망과 무역수지라는 측면을 고려하여 의문의 여지없이 영국과 미국에 관심을 집중시켰습니다. 그런데 영국과 미국의 반일 감정이 분명해지고 반일적 정책이 채택되자, 가장 열성적인 친영미파는 국내에서 상당히 불리한 입장에 놓이게 되었습니다. 미국에서 교육을 받았고 퀘이커교도였던 니토베 이나조(新渡戸稲造)[9)]는 미국 국민에게 일본을 이해시키고 일본 국민에게 미국을 이해시키는 것을 통해 '태평양의 가교' 역할에 헌신하고 있었습니다. 그런데 니토베조차도 일본인을 배척하는 1924년의 이민법에는 분개하였고, 이 법률이 철폐되기 전에는 다시는 미국 땅을 밟지 않겠다고 맹세할 정도였습니다. 그러나 악화 일로인 일본과 미국의 관계를 보고 초초함을 느낀 그는 1931년에 자신의 결심을 스스로 꺾고 일본의 정치가 기본적으로는 건전하다는 것을 미국 국민에게 보증하기 위해 다시 도미하였습니다. 그러나 그는 자신의 건강을 먼저 해쳐서 사명을 다하지 못하고 타향에서 세상을 떠났습니다.

---

9) 니토베 이나조(1862~1933)는 농학자이자 사상가이다. 삿포로(札幌)농학교를 졸업한 후에 미국과 독일에 유학하였다. 교토대학 교수와 고등학교의 교장을 역임하였다. 국제평화를 주장하여 국제연맹 사무국 차장, 태평양문제조사회 이사장으로 활약하였다. 영문 저서인 『무사도(武士道)』·『수양(修養)』·『농학본론』 등을 저술하였다.

니토베의 이 같은 필사적인 노력이 실패한 것은 어떤 의미에서는 일본 사회 내부의 커뮤니케이션의 실패, 그리고 일본과 외부 세계와의 커뮤니케이션의 실패를 상징하고 있습니다. 왜냐하면 육군의 비타협적 태도와 상관없이 만주에 대한 일본의 특수 권익을 의문시하는 일본인은 거의 없었고, 또한 이 특수 권익이 라틴아메리카에 대한 미국의 특별한 역할과는 아주 다른 성격이라는 것을 인정하는 일본인은 거의 없었기 때문이었습니다.

당시 일본의 정책 입안자들 중에는 유럽에 파시스트국가가 대두하는 것을 주목하고, 이는 훗날 국제 정세에서 필시 결정적인 새로운 추세가 될 것이라고 주장한 사람들도 있었습니다. 유럽의 지도자, 특히 메이지 체제의 중요한 본보기였던 독일의 지도자들이 민주주의 제도 중에서 개인주의와 물질주의를 거부할 명분이 생긴 것이라고 그들은 지적했습니다. 자본주의 및 대표민주주의 제도는 제대로 기능하지 않았을 뿐만 아니라 사회의 내부 분열을 촉진시켰기 때문에, 일본도 현재의 국가 구조를 개혁해야 한다고 하였던 것입니다.

> "일본에는 가족 전원에 대한 호주의 지배권을 법률로 인정하는 가족 제도가 있다. 이를 피라미드형 권위 구조로 쌓아 올려서 신성한 천황을 정점으로 하는 국가 구조로 확대해야 한다. 이리하면 자기 주장이나 개인 의지를 버리고 국가에 대한 봉사와 헌신에 의해 완전히 통합되고 순화된 국가 구조가 완성된다."

그들은 이 같은 논의를 전제로 했던 것입니다. 멀리 유럽에서 온 민족 국가를 강조하는 것이 일본의 가족 국가 우월 의식을 조장하게 되었던 것입니다. 서양 민주주의 국가들의 약체화와 분열은 그들이 가지고 있던 아시아지역 식민지의 불만과 더불어 일본에게 교훈과 기회를 동시에 제공하는 것이 되었습니다. 지식인은 일본이 완수해야 할 사명의 의의를 제국주의에 대한 아시아의 도전에서 구하려고 고심하였고, 사상가나 평론가는 새로운 방향으로 전개되는 상황을 '근대성의 극복'을 위한 투쟁으로 조심스럽게 받아들였습니다.

이리하여 메이지 시대에 형성된 국제적 서열 구조에 관한 국민적 합의는 여러 이유로 사라졌고, 그와 동시에 일본의 국내적 안정도 무너지게 되었습니다. 세계에 대한 일본의 시각은 육군 · 해군 · 재계 등에 따라 각각 아주 달랐고, 특히 장개석(蔣介石)[10)]을 중심으로 새로운 전국적인 군사 지도 체제를 확립하려고 싸웠던 중국에 대한 일본인의 견해는 실로 여러 가지로 대립을 보였습니다. 일본의 근대 중국관은 중국이 안고 있는 국내 문제와 중국 국민의

---

10) 장개석(1887~1975)은 정치가로 중화민국 총통을 지냈다. 일본에 유학하여 육군사관학교 예비학교를 졸업하였고, 귀국 후에 신해혁명에 참가하였다. 국민혁명군을 양성하여 국공 합작에 의한 북벌에 성공하였다. 반공 독재인 국민당 정부의 최고 지도자가 되었고, 미국과 영국의 원조를 받아서 항일 전쟁을 수행하였다. 제2차 세계대전 후 국공 내전(國共內戰)에서 패배하여 타이완으로 퇴각하였다.

과거 업적을 간과하고, 중국의 약점과 결점에만 초점을 맞추는 경향이 있었습니다. 그리고 거대한 이웃인 중국에게 큰 역할을 기대할 수 없기 때문에 '아시아의 리더십'은 곧 일본의 리더십을 의미했던 것입니다. 또한 중국의 혼란은 공산주의의 진출을 초래한다는 위험도 있었습니다. 사실상, 중국 공산당의 지배가 만주까지 확대되었던 것은 만주사변을 점화시킨 요인 중의 하나였던 것이었습니다. 메이지 시대는 젊은 일본이 늙은 중국에 대하여 의문을 품었던 것이라면, 제1차 세계대전과 제2차 세계대전 사이에는 정치적인 리더십 및 이념이라는 면에서 젊은 중국이 늙은 일본에게 경고를 보낸 것이었다고 할 수 있습니다.

요시다 시게루는 만년에 자신이 살아온 격동의 시대와 메이지 시대를 다음과 같이 비교하였습니다. 그는 메이지 시대는 국제 사회의 구조나 일본이 국제 사회에 참여하는 방법 등에 관한 기본적인 합의가 국민들 사이에 있었던 시대였다고 인식하고 있었습니다.

> "메이지 시대에 책임있는 지도층은 외교적 고심을 했다는 것을 국민은 기억해야 할 것이다. 물론 당시라고 해서 다소의 이론적 대립이 없었던 것은 아니다. 그러나 나중에 우리 나라에서 일어난 소위 친영미파 배척 등과 같은 강한 정치적 대립이 생긴 적은 전혀 없었다."

더욱이 요시다는 스스로 지도자적 역할을 수행하여 미일동맹 관계가 형성되었던 1950년대를 일영동맹 시기와 대비하여 기록하였습니다.

"일영동맹이 성립되자 전국민이 호의적으로 이를 받아들였다. 그리고 이번에는 이것으로 일본이 영국 제국주의의 앞잡이가 된다든가, 영국의 식민지화가 된다고 말하는 것과 같은 비관론을 주장하는 사람은 하나도 보이지 않았고, 오히려 '동양의 영국'이 된 것을 긍지로 여기고 어떠한 열등감도 드러내지 않았던 것이다."

요시다가 회상록을 쓴 1960년에 일본 국민들 사이에서는 미국과의 동맹 관계를 둘러싼 균열이 생겼습니다. 그러나 1970년대의 시점에서 회고한다면, 독립과 동맹을 병존시킬 수 있다고 한 요시다의 판단은 옳았다고 할 수 있겠습니다.

2. 전쟁의 결의

지금까지 이야기한 것에 비추어 본다면, 근대 일본의 노선이 전쟁 · 패배 · 파괴로 기울어지게 된 몇 가지 결정적 요인은 국제 질서를 근본적으로 변화시키려고 했던 결과라기보다는 오히려 새로운 국제적 위신을 달성하기 위한 사다리를 재주좋게 걸치지 못했던 결과였다는 것을 알 수 있습니다. 정책 결정자들 사이의 대립과 혼란은 장기적 전략보다는 단기적 전술을 중시한 일련의 결정을 유도해 내었던 것입니다. 전쟁을 결정한 지도자들의 회의 기록을 조사해 보면, 허풍스러운 표현으로 공고한 의지를 과시하면서도 서전(緖戰)을 승리로 장식한 후에 전쟁을 어떻게 전개해 나갈 것이냐에 대해서는 주로 단기 계획이나 희망적 관측밖에는 없습니다. 중국은 다시 한 번 양보하든지 아니면 일본의 대공격으로 중국 정부가 궤멸당한다면 항복하고 말 것이라고 낙관하였습니다. 한편, 미국의 주된 관심은 유럽에 있기 때문에 일본이 강력한 방위 라인을 구축할 때까지는 미국을 유럽에 확실하게 못박아 두는 것이 가능하고, 이렇게 되면 일본은 태평양권에서 패권을 장악할 수 있을 것이라고 보았던 것입니다. 또한 유럽 전선에서는 독일의 승리가 목전에 있다고 생각하였습니다. 그리고 유럽에서 승리를 거둔 독일이 동남아시아에 진출하기 전에 일본은 동남아를 차지할 기회를 영원히 놓쳐 버리는 일이 없도록 노력해야 하고, 게다가 그 노력의 긴급성은 계속 증대하고 있다고 생각했습니다. 소련에 대해서는 미국이 예전에 러일전쟁의 종결을 도와준 것과 같이 중개자의 역할을 해 줄 것이라는 기대가 있었습니다.

이러한 상정을 기반으로 하여 내린 몇몇 결정의 전체 과정에 대해서는 아직 완전히 해명되지 않았지만, 지금까지의 연구를 통해 본다면 일본의 정책 결정자들의 회의는 주저함과 불안으로 가득 차 있었고, 때로는 무책임하기조차 했다는 것은 의심할 바 없습니다. 그들에게는 일본이 근대 국가가 된 다음에 경험하게 된 위기가 모두 최종적으로는 일본이 생각한 대로 전개되었던 과거를 두루두루 기억해 내고 묘안을 짜내고 스스로를 질타하고 격려해 왔던 것이었습니다. 그들의 결정은 어디까지나 잠정적으로 내린 것처럼 보였는데, 그런 것들이 하나 둘 쌓여서 마침내 일본을 꼼짝할 수 없는 상태로 몰아넣었던 것입니다.

일본의 좌절은 먼저 중국에서 시작되었습니다. 그것은 근대 중국의 민족주의에 대하여 일본이 일관성 있는 세계관을 만들어 낼 수 없었던 데서 유래하는 것이었습니다. 중국의 민족주의를 제대로 이해하지 못했고, 곧 완고하고 비뚤어진 항일 운동이라고 매도해 버렸습니다. 일본 내부에서도 의견 대립은 있었지만, 대세는 중국 본토에 대한 일본의 특수 권익이 필요하다는 점을 시인하게 되었습니다. 이 방법 말고 서양 열강에 필적할 만한 자원을 지배하에 두는 대국이 되는 길이 일본에게 또 있었겠습니까? 중국의 민족주의와 일본의 민족주의가 상호 작용하여 정면으로 충돌하게 된다면, 양국은 다시는 돌이킬 수 없는 전면 전쟁에 돌입하게 되는 것입니다. 이러한 사태가 발생하는 것을 막으려고 한 사람들이 일본과 중국 쌍방에 있었음에도 불구하고 전면 전쟁을 피할 수 없는 일이었습니다. 나는 일본 통신사의 상해 지사장이었던 마쓰모토 시게하루(松本重治)의 회고록[11]을 읽고 전쟁을 회피하기 위해 노력했

11) 마쓰모토 시게하루가 쓴 회고록은 『상해 시대(上海時代)』(3권)로 1974~1975년에 주코(中公)신서로 출판되었다.

던 사람들이 일본과 중국 쌍방에 있었다는 것을 새삼 확인하였습니다. 현재 국제문화회관(International House of Japan) 이사장인 마쓰모토의 회고록에는 양국 정부 당국자로 하여금 교섭에 임하게 하려는 일련의 필사적 노력이 기록되어 있습니다. 그러나 마쓰모토를 비롯한 사람들의 평화 공작은 남경(南京)에 수립된 단명으로 그친 왕조명(汪兆銘)[12] 정권과 일본 정부가 관계를 맺는 정도에서 끝나 버렸습니다. 일본은 장개석을 타파하기는커녕 오히려 강경책을 고수하여 그를 중국의 영웅으로 만들어 버렸던 것입니다. 1937년에 시작된 격렬한 전투도 장개석 정권을 궤멸시키지는 못하였고, 부분적인 기능 마비를 야기시키는 정도에 지나지 않았습니다.

중국에서 경험한 좌절은 일본과 미국의 대결을 이끌어 내는 것이 되었습니다. 일본을 억누르려는 미국의 힘은 반대로 일본을 공격으로 몰고가는 힘으로 작용했기 때문이었습니다. 미국에 대한 전쟁 개시를 결정한 어전 회의의 기록에는 이 커다란 도박에 대한 불안이 역력히 드러나 있습니다. 일본이 수행해 온 노력은 실패로 끝날지도 모르지만, 기회는 두 번 오는 것이 아니며, 이번 기회를 놓치면 일본은 영원히 세계에서 이류 국가의 지위에 머물 수밖에 없을 것이라고 생각했던 것입니다. 이러한 상황에서 일본의 결단

12) 왕조명(1883~1944)은 중국의 정치가로 손문(孫文)과 함께 혁명 운동에 종사하였다. 일본에 유학하여 호세이(法政)대학을 졸업하였다. 반공친일 평화 운동을 일으켰고, 1938년에 중경을 탈출하여 항일민족통일 노선을 배반하였다. 1940년에 이른바 남경국민정부의 주석이 되었다.

에 관하여 해군 대장 나가노 오사미(永野修身)[13]는 다음과 같이 말했습니다.

"이 같은 상황에서 싸움을 피한다면 필시 망국에 이를 것이다. 전쟁이 일어나서 싸운다고 해도 또한 망국을 면하기 어려울지도 모른다. 싸워도, 싸우지 않아도 망국이라면, 싸워서 구사일생의 활로를 찾을 수밖에 없다고 생각한다. 싸우지 않고도 당하는 망국은 정신까지 송두리째 망하는 영원한 망국이 될 것으로 이미 운명지어져 있다."

나가노가 말하는 구사일생의 궁지 중의 하나는 석유 공급이 줄어드는 것이고, 이를 타개하는 유일한 방법은 무력 행사에 필요한 석유가 있을 때에 석유 자원의 공급지를 더 많이 점령해야 한다는 것이었습니다. 나가노의 이러한 말은 새로운 국제 질서를 믿고 있는 사람의 말이 아닌 것은 분명하고, 행동하지 않은 대가가 행동을 일으켜서 받게 되는 대가보다 클 것이라는 사고 방식에 의한 것이었습니다. 덧붙인다면, 당시 일본의 군사 행동 전개의 제1차 단계에 필요하다고 상정했던 석유 비축량은 오늘날 일본이 평화시 사

13) 나가노 오사미(1903~1985)는 군인으로 해군 대장과 원수가 되었다. 런던 해군 군축회의에 전권자로 참여하였다. 해상(海相) · 연합함대 사령장관 · 군령부(軍令部) 총장을 역임하였다. 전후에 A급 전범 용의자로 재판중에 병사하였다.

용하는 수준으로 본다면 불과 며칠밖에 견딜 수 없는 양에 지나지 않는다는 것은 역사의 얄궂음이라고 할 수 있겠지요.

당시의 최고정책결정자회의의 분위기를 지배하고 그들을 필사적인 행동으로 내몰게 한 무언가가 있었던 것이 분명합니다. 국제정세를 분석한 당시의 엄청난 문서를 보면, 시대적 추세라든가 대세라는 말이 빈번하게 사용된 것이 눈에 띕니다. 이것은 정세 전환을 도모하기 위해 무언가를 결행해야 한다고 결의했던 극소수의 열광자들 이외에도 일본의 지도자들이 마치 일본 소설의 주인공과 같았다는 것을 시사하고 있습니다. 일본의 지도자들은 기본적으로는 소설의 주인공들과 마찬가지로 스스로의 힘으로는 어찌할 수 없는 시대적 흐름의 기세에 수동적으로 대응할 뿐이었던 것입니다. 무엇이 가능할 것이냐를 결정하는 것은 당시의 흐름이고, 이것에 거스르지 않고 따르는 것이 현명한 자의 길이라고 하였던 것입니다. 메이지의 마지막 원로였던 사이온지 긴모치가 만주사변 당시에 말한 것 중에 이러한 생각이 나타나 있습니다.

> "요컨대 정부도 군에 질질 끌려가고 있어 곤란하지만, 곤란하다든가 걱정한다고 말한들 뭐가 되겠는가. 요컨대 과도기의 일시적 현상이기 때문에 이런 때에 더욱더 일할 기분이 되면 일한 보람도 있고, 오히려 재미있지 않은가. 정치가라는 자가 무턱대고 이건 국난이야라든가 난처하다고 말하는 것은 매우 책임감이 없는 이야기이다. 정말 국난이나 비상사태라고 생각한다면 좀더 차분한 태도로 대처해야 할 것이다."

이 말은 지도자들에게 냉정해지라고 호소하는 것 이상의 의미를 내포하고 있다고 생각됩니다. 이것은 시대적 추세를 받아들인다는 것을 함축한 말이고, 사람의 힘으로는 도저히 어찌할 수 없다는 것을 지적한 말이기도 했던 것입니다.

이러한 일본인의 심리적 태도에 대하여 일본의 어떤 작가는 일본인이 '만든다'든가 '한다'는 타동사보다 '된다'는 자동사를 즐겨 쓰는 것과 관련해서 설명하고 있습니다. 이같이 자동사가 빈번하게 사용된 결과, 사물과 사건은 이것을 움직이려는 주체와는 관계없이 전개된다는 것입니다. 또한 어떤 일본인 학자는 이 같은 일본인의 심리를 도쿄에 있는 어느 대학의 교수회의를 예로 들어 설명하고 있습니다. 그에 의하면, 교수회의 회의록에 "이렇게 하였습니다"라고 의지가 포함된 타동사를 사용한 표현이 쓰이면 즉각 대대적인 반대를 불러일으키게 된다고 합니다. "이렇게 되었습니다"라는 표현이어야 한다는 것입니다. 이같이 일본인의 의사결정 과정은 막연하고, 책임의 소재도 불분명합니다. 그러나 일단 내려진 결론을 번복하는 것은 곤란합니다. 결론을 내린 주체가 없기 때문에 이것을 다시 바꾸는 것도 거의 불가능합니다.

사회언어학적으로 보면 이러한 혼란은 매우 재미있는 현상인데, 방심하고 있다가는 많은 함정을 놓쳐 버리게 됩니다. 원래 교수회의 기록 등에서는 내가 재직하는 대학의 경우도 포함하여 자동사 표현을 많이 사용했는데, 일본의 대학만이 예외라고 볼 수는 없습니다. 또한 일본근대사에는 시대적 추세에 대하여 일본인이 때로는 과잉적이라고 할 정도로 격한 충동적 반발을 나타내는 예가 많습니다. 따라서 일본인의 순응성을 강조하는 데에는 신중을 기해야 합니다. 그럼에도 불구하고 1941년의 최고 정책결정자들 사이에 흐르고 있던 회의에 가득 차 있던 불가사의한 수동적 분위기를 설명하는 데에 도움이 되는 무언가를 이러한 일본인의 태도에서 찾을 수 있을 것 같습니다. 정책결정자들의 대부분은 시대적 추세를 주어진 것으로 받아들였던 것입니다. 또한 파멸로 향하게 되는 것을 감지한 소수 지도자도 다수파가 주장하는 대응책에 구태여 반대하려 하지 않았고, 시대적 추세 혹은 적어도 다수파의 시각을 부분적으로 수정하려고 시도하는 정도였던 것입니다.

3. 일본의 부흥

1945년 일본은 항복하였고, 시대적 추세 또는 대세는 완전히 새로운 것이 되었습니다. 일본은 먼저 전면 항복을 하였고 다음에 서서히 국정을 스스로 되찾아 가는 과정을 거쳤기 때문에, 미국에 의한 지배라는 현실을 수용하면서 의식적으로 결정을 내리거나 장래를 전망할 필요가 없었습니다. 일본이 명실상부하게 주권을 회복해 가는 과정에 대해서는 여러 시기를 거론할 수 있습니다. 샌프란시스코 강화(講和)조약이 성립된 1952년, 경제 발전이 전쟁 전의 수준을 넘어선 1954~1955년, 처음으로 방위 계획이 매듭된 1958

년, 경제가 고도 성장을 달성한 1960년대, 오키나와가 반환되고 사토 에이사쿠(佐藤榮作)[14] 수상이 "전후(戰後)는 끝났다"고 말한 1972년 등이 있습니다. 이러한 추이에 비추어 본다면, 일본이 시대적 추세에 순응하여 흘러가면서 어쩔 수 없는 것을 감수해 왔다고 보는 것은 잘못된 이해입니다. 다시 말하면, 요시다 시게루와 그를 에워싼 일본의 지도자들은 일본이 서양의 여러 나라와 유대 관계를 구축해야 한다고 확신하고 있었습니다. 그들은 방위력을 최소한도로 한정시키고 미국과의 동맹 관계에 의존하는 것이 현명하다는 판단하에 이 방향이 고수되도록 끊임없이 의식적인 노력을 기울였고, 나중에 일본의 방위력 증강을 주장한 존 포스터 덜러스(John Foster Dulles) 등의 요청을 교묘하게 회피했던 것입니다. 이 시기에 일본이 내린 몇몇 결정에 이르게 된 과정을 문헌으로 뒷받침하는 것은 어려운 일이었지만, 정부 문서가 공개된 지금에 와서 드디어 그 전모가 명백해지기 시작하였습니다. 1974년에 사토 에이사쿠가 노벨상을 수상하게 되자, 이에 놀라고 어리둥절해 하는 일본 사람도 있었습니다. 이것은 전후에 일본이 신중하게 모색하면서 다다른 평화 노선의 공적이 한 개인에게 귀착될 수 있느냐는 의문

14) 사토 에이사쿠(1901~1975)는 야마쿠치(山口)현 출신의 정치가이다. 1956~1960년에 수상을 지낸 강경파 정치가 기시 노부스케(岸信介)의 동생이다. 요시다 시게루 정권에서 여러 성(省)의 대신을 두루 거쳤다. 1964~1972년에 3번에 걸쳐서 자유민주당 총재와 수상을 지냈다.

을 의미합니다. 이는 도쿄재판[15]에서 일본의 침략 행위를 특정 개인의 책임으로 귀착시키는 것이 어려웠던 것과 같은 것이었습니다.

그러나 전후에 일본이 세계에 대응하는 방법의 방향 설정을 도와준 것이 변화된 시대적 추세였다는 것은 분명합니다. 전후에 두 개의 강대국이 세계를 둘로 나누어서 지배하게 되었는데, 일본을 점령했던 주체는 양쪽이 아닌 한 쪽이었다는 사실이 일본에게는 행운이었습니다. 중국 대륙에서 공산주의의 승리, 인도의 정치적 입장 등에 의해, 커다란 잠재적 공업력을 갖고 있던 일본은 전략적 견지에서도 UN이 한반도의 평화를 유지하려고 노력하는 과정에서 없어서는 안 될 존재로 부각되었고, 미국이 아시아의 평화를 지키려고 노력하는 데에도 일본의 존재는 반드시 고려했습니다. 그리고 일본은 자국의 안정과 성장을 유지함으로써 서태평양 지역의 안정에 공헌하였고, 동시에 미국측에 지배권이 있는 불평등동맹으로 발족한 동맹 관계에서 진정한 의미의 파트너로 성장했던 것입

---

15) 도쿄재판은 공식 명칭이 극동국제군사재판이다. 1945년 8월에 미국 · 영국 · 소련의 회담에서 발표된 포츠담선언을 일본이 수락함에 따라 태평양전쟁에서 책임이 있는 일본의 주요 전쟁 범죄인을 대상으로 열린 재판이다. 연합군 최고 사령관의 명령으로 도쿄에 재판소가 설치되었다. 오스트레일리아인 재판장, 미국인 수석 검찰관 등이 도조 히데키 등의 피고인을 심리하였다. 1946년 5월에 시작되어 1948년에 변론을 마쳤고, 같은 해 11월에 판결이 내려졌다. 전범은 A · B · C급으로 분류되었는데, A급은 전쟁 전반에 책임이 있는 자, B급은 전쟁 범죄를 수행하도록 명령을 내린 자, C급은 명령을 받고 실행한 자이다.

니다.

전후 미국의 일본에 대한 원조 규모는 확실하게 눈에 보이는 외형적인 원조와 보호를 훨씬 넘어선 것이었습니다. 미국에서 도입한 기술은 일본의 새로운 산업혁명에 불을 지피는 연료가 되어 경이적인 경제 성장을 이룩할 수 있었습니다. 1950~1960년대에는 자유무역주의가 더없이 융성하여 값싼 공업 원료가 풍부하게 공급되었고, 1930년대에 그토록 중요시되었던 자급자족 경제권 확립 구상은 어느덧 역사의 유물이 되고 말았습니다. 또한 동남아시아의 자원 확보가 태평양전쟁의 직접적 목적 중 하나였는데, 이 지역에서 서양의 식민지가 소멸해 버렸기 때문에 일본이 동남아시아의 자원에 자유롭게 접근하게 되었습니다. 소비재에 굶주렸던 일본은 순식간에 국내에 대규모의 내수 시장을 만들었고, 자국민의 궁핍을 막기 위해서 외국 시장에 수출하는 것에 의존해야 한다는 전쟁 전의 논리에 종지부를 찍었습니다. 한편, 미국의 협력으로 여러 가지 국제 기구 및 조직에 일본이 가입할 수 있게 된 것도 일본의 해외 시장 진출을 조장하였습니다. 미국과 일본의 무역 관계는 대폭적으로 확대되어 양국 사이의 연간 무역 총계는 300억 달러에 달하게 되었습니다. 이것은 두 나라 사이의 거래로는 사상 유례가 없는 규모입니다. 인접 지역간의 무역을 포함시켜서 본다 해도 미일 무역액을 상회하는 것은 미국과 캐나다 사이의 무역뿐입니다. 일본은 미국 농산물의 최대 수출 시장이 되어, 미국이 수출하는 농산물 전체의 약 5분의 1에 달하는 양을 일본이 수입하게 되었습니다.

오늘날 일본에 수출할 작물을 재배하는 미국의 농경 면적은 일본의 전체 경작 면적보다 넓어졌습니다. 이제 일본은 미국의 농산물뿐만 아니라 미국의 공업 제품과 공업 원료의 주요 시장이기도 합니다. 최근에 프랭크 깁니(Frank Gibney)가 지적했듯 일본은 세계에서 미국 다음으로 대소비 경제국이 된 것입니다. 미국의 대 아시아 무역액은 1977년에 처음으로 유럽과의 무역액을 넘어섰는데, 이는 주로 일본 경제가 성장하여 대일 무역이 증대했기 때문입니다.

한편, 일본 제품이 미국 시장에 진출한 것을 보면 질과 양에서 모두 착실하게 늘었습니다. 일본에는 미국 외에도 외국 시장은 있고, 또한 미국의 일본 제품 구매량은 감소하는 경향을 보이고 있지만, 일본의 수출에서 미국 시장이 갖는 의미는 앞으로도 계속 중요시될 것입니다.

일본을 방위하는 것이 미국의 이익에 중대한 의미를 갖는다고 한 미국의 결의는 1945년 이후 줄곧 일본에서 방대한 액수의 저축을 가능하게 하였습니다. 미국의 이 같은 결의는 먼저 신헌법에 전쟁 포기를 선언한 제9조를 넣어야 한다는 주장에서 시작됩니다. 국제 분쟁시 해결 수단의 하나인 전쟁을 포기한다는 이상주의적 선언을 하게 한 최종 책임자가 맥아더 원수였느냐, 아니면 시데하라 기주로(幣原喜重郎)[16] 수상이었느냐라는 점에 관해서는 아직 의견

16) 시데하라 기주로(1872~1951)는 외교관이자 정치가이다. 여러 나라의 공사를 거쳐서 1924년 이후 외상(外相)을 네 번 역임하였다. 미국과 영국과의 협조, 중국의 내정 불간섭 방침을 취했는데, 유약한 외교라는 비난을 받

이 엇갈리고 있습니다. 그러나 맥아더 원수가 일본의 비무장화를 강력하게 희망했던 것은 확실하고, 1948년에 그가 본국 정부로부터 그러한 입장을 완화시키라는 요청을 받고도 완강하게 양보하지 않았던 것도 확실합니다. 더욱이 한국전쟁이 발발한 후 일본의 재군비를 급속하게 추진하려고 했던 움직임에 반대했던 요시다 수상과 맥아더 원수의 의견이 완전히 일치한 것에도 의심의 여지가 없었습니다. 동시에 헌법 제9조는 신헌법이 성립될 당시의 일본 국민의 압도적 다수의 의견을 반영한 것이었다는 점도 틀림없는 것입니다. 이러한 국민의 분위기는 각 방면에서 목소리를 높여서 명확하게 표명되었습니다. 1950년대가 되자 보수파 지도자들은 제9조를 개정할 때가 되었다고 판단하고 개헌을 위한 활동을 전개하였는데, 제9조에 대한 국민적 지지가 이를 봉쇄하였습니다.

다른 말로 한다면, 해외의 시대적 추세는 강력하고 결정적으로 변화하였고, 일본은 이에 대응하여 교묘하고도 합리적으로 그리고 왕성한 목적 의식을 가지고 반응하였던 것입니다. 일본의 지도자는 급속한 재군비를 요구하는 미국의 요청에 저항하였습니다. 재군비에 의해 미국의 전략 구상 속에 갇혀서 근린의 아시아 여러 나라를 소외시키게 되는 것을 우려하였기 때문입니다. 일본이 독립국의 위엄과 힘을 가지고 독자적으로 정한 방향으로 곧바로 나아

기도 했다. 1945년에 수상을 지냈고, 진보당 총재가 되었다. 후에 민주당 · 민주자유당에 참가하였고 중의원 의장이 되었다.

갈 것을 구상하게 되면서부터 미국의 전략 구상안에 일본이 완전하게 매몰되어 버릴 것 같은 내용은 민주적인 선거를 할 수 있는 국민의 의식으로도 수용하기 어렵게 되었던 것입니다.

한편 국내의 정세도 급속하게 변하여 일본의 가능성 및 일본이 현명하게 선택할 수 있는 범위도 새롭게 설정되었습니다. 전후의 새로운 교육과 자유가 정착되면서 종래보다 훨씬 평등적인 사회가 되었습니다. 또한 국내 사회의 평등화와 더불어 외국을 하나의 서열 체계 내에서 순위를 매기려는 시도도 무의미하게 되었습니다. 1970년대에 들어서서 일본은 여러 외국으로부터 존경을 받게 되고 종래에 없던 분에 넘치는 칭찬을 듣게 되면서 예전의 열등감과 이등국가 의식은 거의 자취를 감추게 되었습니다. 일본 사회는 잘 운영되고 있고, 국민 생활은 풍요로워졌고, 일본 제품은 어느 나라의 제품에도 뒤떨어지지 않을 정도로 높은 품질이라고 자타가 인정하게 되었습니다. 어떤 미국인 학자는 이러한 일본을 세계의 '넘버원'이라고 표현하기도 하였고, 미국도 일본한테 교훈을 얻을 수 있다고 시사하기까지 하였습니다.

이 같은 변화가 가져온 결과 중의 하나는 정치를 넘어선 근대성이라는 의식의 대두입니다. 전쟁으로 인한 고난 · 파괴 · 재건의 고생을 체험한 세대에 이러한 체험이 없는 젊은 세대가 합세하면서, 1950년대의 일본 사회를 특징지었던 빈곤과 허약이라는 기조는 크게 변화하기 시작하였습니다. 그리고 이윽고 이러한 변화는 민중의 빈곤 의식과 절망감에 호소하여 정권을 장악하려는 사람들의 정치적 주장에도 영향을 미치게 되었습니다. 1974년에 필자는 우연히 일본 공산당 지도자인 노사카 산조(野坂參三)[17]의 선거 연설을 들을 기회가 있었습니다. 그는 청중을 향해 보수파는 일본 공산당이 마치 중국이나 러시아의 체험을 일본에서도 실행하려는 것처럼 말하지만, 일본 공산당은 전혀 그런 의도가 없다고 열심히 호소했습니다.

> "일본에서는 탄압 정책은 필요하지 않다. 중국이나 러시아는 후진국이고 미개국이었기 때문에 정부도 강압책을 쓸 필요가 있었지만, 근대화된 일본은 강압책이 필요한 단계를 이미 넘어섰다. 일본에 필요한 것은 사회 입법이다."

노사카는 이 같은 호소를 하면서 탁아소 문제 · 인플레 문제 · 환경보전 문제 등을 논하고 있었습니다.

새로운 일본은 종래에 없이 풍부한 국제적 경험을 하고 있습니다. 중요한 분야에서 아직 일본의 편협성이나 섬나라 근성은 남아 있고, 일본 문화의 특이성과 일본어의 한계성 때문에 일본인은 세

---

17) 노사카 산조(1892~1993년)는 정치가로 일본 공산당의 지도자이다. 소련에 망명하였다가 1946년에 귀국하여 일본 중앙공산당 중앙위원이 되어 평화혁명 노선을 지도하였다. 1950년에 공직 추방 대상으로 지목되어 은거하였다가 1955년에 활동을 재개하여 공산당 제1서기와 중앙위원회 의장이 되었다. 1992년 과거에 스탈린의 탄압에 가담한 사실이 밝혀져서 당에서 제명당했다.

계에 유례가 없이 국가귀속 의식이 강한 사회에 갇혀 있습니다. 그러나 일본 역사상 지금까지 없을 정도로, 현대 일본 사회는 상당히 폭 넓게 세계를 의식하면서 기능하고 있습니다. 전쟁을 통하여 수백만 명의 일본인이 해외에 나갔고, 또한 상업활동과 한국전쟁을 통해서 수백만 명의 외국인(대부분이 미국인이었다)이 일본에 오게 된 것입니다. 이러한 인적 교류에서 가장 중요한 것은 전후 대규모의 일본인 유학생 파견이었다고 생각됩니다. 풀브라이트(Fulbright)를 비롯하여 민간 프로그램과 기업 등을 통해 많은 유학생과 기업인이 해외에 나갔는데, 이러한 흐름은 현재도 계속되고 있습니다. 그리고 1960년대가 되자 일본인의 해외 여행이 시작되었습니다. 1969년에는 일본인 해외 여행자의 수가 같은 해에 일본에 온 외국인의 수를 처음으로 웃돌게 되었습니다. 그 해에 해외에 도항한 일본인은 71만 명에 달했습니다. 1974년에는 315만 명으로 증대하였습니다. 그 대부분은 20대 · 30대의 젊은 남녀입니다. 이러한 여행자들의 대부분이 관광을 목적으로 하는 단체 여행객이라고는 하지만, 그들의 체험이 쌓여서 사회에 미치는 영향은 무시할 수 없는 것입니다. 전쟁 전에도 상당수의 일본인 집단이 이민으로 해외에 건너갔는데, 소수만이 일본에 돌아왔습니다. 오늘날 처음으로 많은 일본인이 해외 곳곳에서 생활하게 되었습니다. 파리에서 그림을 그리는 일본인, 해외의 유수한 오케스트라에서 연주 활동을 하는 일본인, 예전 같으면 일본어를 가르칠 필요가 있으리라고는 상상도 못할 장소에서 일본어를 가르치는 일본인 등 여러 방면에서 일

일본 무역의 변화 : 1804년 네덜란드의 동인도회사 나가사키 상사가 있던 데지마(出島)

1978년 요코하마 동쪽 혼모쿠(本牧)부두에 있는 닛산자동차공장

본인이 해외에서 살고 있습니다. 일본의 과격파도 국제적이 되어서 그들의 공격 대상은 국내의 재계 인물과 정치가에 한정되지 않

고 멀리 팔레스타인의 민족주의가 그들의 활동 목적이 되기에 이른 것입니다.

4. 나아갈 길의 모색

부흥과 재건의 시기를 통해서 일본을 이끈 세대는 메이지 시대에 초등 교육을 받았던 사람들이었고, 또한 이 시기의 성인층은 1930~1940년대에 일본의 좌절과 고난을 체험한 세대이기도 합니다. 국민은 보수파와 혁신 진영으로 나뉘었고, 그 사이에 깊은 정치적 분열이 나타났습니다. 그것은 각각 청년기에 형성된 그들의 사고 방식과 신조에 뿌리를 둔 것이었습니다. 그러나 드디어 새로운 중간층이 서서히 형성되기 시작했습니다. 1970년대에 들어서면서 총 인구의 반 이상은 전후에 태어난 세대가 되었습니다. 그리고 전쟁의 고난을 실제로 체험한 사람들은 수적으로 감소하고 있고, 전쟁을 일으켰던 파괴적 모험주의의 기억도 완전히 소멸되어 버렸습니다. 세대에 따라 체험의 격차가 이렇게 극단적으로 다른 것은 일본 이외의 다른 나라에 유례가 없는 것이고, 그것은 현재 일본인이 끊임없이 자아를 모색하고 있는 상황에서도 그림자를 드리우는 것 같습니다.

착실하게 진행되는 일본의 경제 성장과 물질적인 풍요의 증대, 그리고 1960년대부터 나타난 폭 넓은 계층에 의한 국제적 접촉은

1970년대 초기에 드디어 커다란 충격을 경험하게 되었습니다. 그리고 이 충격을 계기로 현대 세계에서 일본 및 일본인의 가능성에 대한 논의가 갑자기 쏟아져 나오게 되었습니다. 일본과 일본 문화의 독특함을 내적으로 성찰한 소위 일본론이 계속 출판되기 시작하였습니다. 19세기 말의 일본주의에는 자기긍정적이고 독단적인 경향이 나타났던 것과는 대조적으로 1970년대의 일본론에는 회의적이고 사색적인 경향이 강하게 나타났습니다. 그러나 동일한 심리적 필요성과 내적 충동이 내포되어 있다는 사실은 공통적입니다.

1960년대의 질서 잡힌 세계를 흔들어 놓은 위기에 대해서는 상술할 필요가 없을 것입니다. 이른바 '닉슨 쇼크'는 미국의 경고에 거의 귀를 기울이지 않게 된 일본에 대하여 초조함을 느낀 미국이 통화 문제 · 섬유 문제 · 수입세 문제 등에 대하여 충격 요법을 사용하기로 했던 것이었습니다. 갑자기 미국이 미중 관계의 정상화를 기하게 된 것은 일본인의 허를 찌른 것이고, 미국의 이러한 행동은 일본의 주요 동맹국인 미국의 정책에 일관성이 없다는 것을 나타내는 것으로 일본인의 눈에 비쳤습니다. 즉, 미국이 미중 관계를 정상화하는 과정에서 일본과 사전 협의를 하지 않은 것은 일본을 불신하고 있다는 증거이고 미국의 방위자세 전체가 바뀌었다는 것을 의미하는 것이라고 일본은 생각했던 것입니다. 미국의 이 같은 움직임은 베트남전쟁의 실패를 계기로 아시아 전역에서 철퇴하는 것을 시사하므로 일본인 사이에서는 영국이 영일동맹을 유지하는 것에 시들해졌던 반 세기 전의 일을 상기하는 사람조차 있었습니다.

덧붙여서 1973년에 발생한 석유 파동은 여러 공업국, 특히 일본의 약점을 통감하게 한 것이었습니다. 일본은 석유뿐만 아니라 거의 모든 자연 자원을 갖고 있지 않고 식량조차 부족한 나라라는 사실을 강하게 의식하게 되었습니다. 그리고 일시적이긴 하지만 미국이 어리석게도 콩의 대일 수출을 금지시킨 것은 일본의 특정한 약점 뿐만 아니라 일반적 약점도 실증하는 것이 되었습니다(일본은 콩 공급의 92%를 미국에서 수입하고 있습니다).

석유 파동이 발생한 때는 또한 그때까지 의문의 여지가 없었던 경제 성장에 대한 국민적 합의가 무너지기 시작했던 때였습니다. 다시 말해서 급격한 공업 확대 정책이 환경을 악화시키는 크나큰 대가를 치른 것이었다는 것을 국민이 깨닫기 시작했을 즈음에 석유 파동이 발생했던 것입니다. 공업화에 따른 환경의 오염 및 파괴가 명백해지자 새로운 공장 · 도로 · 공항 · 철도 · 발전소 등의 건설에 반대하는 시민의 자주 조직이나 단체가 급증했던 것은 일본인의 사고 방식에 변화가 생기고 있다는 것을 말해 줍니다. 1977년에 일본의 GNP는 세계에서 제3위였습니다. 그것은 미국의 거의 3분의 1, 소련을 약간 밑도는 것인데, 영국과 프랑스를 합한 액수를 상회하고 동남아시아 나라들의 총계의 8배에 상당합니다. 한편, 인구 1인당 소득을 보면, 산유국을 제외하고 베넬룩스 3국과 스칸디나비아 국가들을 각각 한 나라로 본다면, 일본은 제10위입니다. 그러나 국토 면적의 비율로 국민총생산을 계산할 경우에는 일본의

GNP는 미국의 5배, 또 경작 면적비로 할 경우에는 12배나 됩니다. 세계에서 일본만큼 혼잡하고 환경 오염이 계속 진행되는 곳은 없고, 또한 일본인만큼 다량의 일산화 화합물에 노출되어 있는 국민도 지상에 유례가 없습니다. 일본이 이 같은 환경을 극복할 수 있게 한 요인은 일본인의 뛰어난 일체성과 규율이고, 일본 사회를 특징짓는 높은 품성입니다. 그러나 굳게 하나로 뭉치게 하는 일본의 결속도 일종의 한계에 달하게 된 것 같습니다. 원자력 발전에 의한 대체 에너지의 개발은 일본에서는 매우 긴급한 계획인데, 이것은 국민의 심리적 반발에 새로운 요인을 부가하는 것이 되었습니다. 이제 더 이상 성장이 아무런 의문의 여지가 없는 국민적 목표가 아니라는 것입니다.

석유 가격이 계속 상승하게 되자, 다른 모든 공업국과 마찬가지로 일본 경제도 세계적 경제 불황에 빠지게 되었습니다. 그러나 다른 선진 공업국에 비해서 일본은 점진적으로 불황에 대응할 수 있었습니다. 그것은 인플레가 이미 상당히 높은 수준에 있을 때에 새로운 인플레 요인이 야기되는 것을 정부가 적극적으로 억제했기 때문이었습니다. 국내의 재고 수준이 높고 종신고용제와 기업의 자기 자본율이 낮다는 등의 이유 때문에, 생산의 대폭 축소는 곤란했으므로 일본 제품의 해외 시장 진출은 지속적으로 증대하였습니다. 미국 정부는 달러화에 대해 일본의 엔화를 절상시키면 일본 상품의 수입 가격이 상대적으로 높아져서 미국 국내 시장에서 일본 상품의 경쟁력이 약화될 것이라고 기대하고 이를 일본이 실행하게 했습니다. 그러나 그 조치의 효과가 나타나는 데는 상당한 시간이 걸린다는 것이 판명되었고, 반대로 미국의 국제수지 적자는 계속 늘어났던 것입니다. 가격이 비싸졌어도 일본 상품의 수입량은 감소하지 않았고, 또한 일본은 달러 보유고가 높기 때문에 수입 원료의 비용 인상이 그다지 큰 부담이 되지 않았던 것입니다. 혼란스러웠던 5년 동안에, 취약성이 특징이라고 미국의 눈에 비쳤던 일본 경제에서 취약성이 자취를 감추게 되면서 반대로 기록적인 무역 흑자를 달성하였습니다. 1970년대를 통해 일본의 수출은 경이적인 비율로 신장하였는데, 전체 수출의 4분의 1은 대미 수출이었습니다. 이에 비해 일본의 전체 수입에서 점하는 미국의 비율은 30%(1970년)에서 18%(1977년)로 떨어졌습니다. 미국은 미국의 국제수지 적자가 일본의 과잉 수출에 의한 것이고, 일본은 자유무역 체제를 건전하게 유지하는 데 공헌하지 않는다고 일본을 집중적으로 비판하였습니다. 그런 비판에 대해 일본은 미국이 수입 에너지원 의존도를 낮추는 노력을 게을리하고 있다고 반박하였습니다. 일련의 협정 체결을 통해 무역에 관한 특정한 이해의 대립에 관한 위기감은 완화되었지만, 문제는 미해결인 채 남아 있습니다. 일본의 경제가 확대되어 미일 관계가 보다 복잡해짐에 따라 이러한 문제의 규모도 더욱 커지게 되었습니다. 아마 조만간에 일본 컴퓨터의 대미 수출이 문제가 되는 날이 올 것이라고 예상됩니다. 이제 일본은 더 이상 추종자에 머물지 않게 된 것입니다. 예전에 보잉 항공기나 카이저 함선의 공격 목표였던 섬나라 일본은 이제는 보잉사에 부품을 납품하기도 하고, 카이저사 제철소의 매수를 교섭하기도 하는 대공업국이 된 것입니다.

앞에서 제기했던 문제들은 모두 다 매우 복잡하고도 중요한 문제이므로 오랫동안 논의되어야 할 것입니다. 그러나 내가 이러한 문제를 거론한 것은 일본이 대응해 나가야 할 시대적 추세가 장래의 예측을 불허할 정도로 급속하고도 격심하게 변화하고 있다는 것을 시사하기 위한 것입니다. 일본의 사정에 정통한 전문가들의 일본 평론은 예측할 수 없었던 변화에 맞추기 위해 얼마나 자주 견해를 바꾸었는지를 최근의 역사를 통해서 되돌아보는 것은 유익한 것이겠지요. 전후 수십 년 동안의 일본을 되돌아보면, 먼저 패전 직후 일본 경제의 곤궁은 해결 불가능하다고 판단되었던 시기가 있었습니다. 1950년대가 되자 상황은 호전되었지만, 앞날은 아직도 암담하기만 하였습니다. 그런데 1960년대에 들어서면서 몇몇 미래학자는 21세기가 일본의 세기가 될 것이라는 일본 예찬론을 내놓았고, 일본의 경제발전 유형에서 보편적 의미를 찾으려는 사람들마저도 생겼습니다. 다음으로 석유파동이 도래하자 경제 성장과 일본의 위대함은 재빨리 종지부를 찍게 되었습니다. 그러나 그 후 몇 년밖에 경과하지 않은 오늘날, 높은 급여를 받고 근면하게 일하는 일본인이 만든 제품을 가득 실은 일본 배가 몰려와서 세계의 주요 항구는 이전에는 볼 수 없었던 정도로 활기를 띠게 되었습니다. 이러한 많은 변화를 거치면서 일본인은 일본에게 어떠한 기회가 올 것인가를 끝까지 지켜보고, 가만히 차분하고도 냉정하게 항상

실익을 생각하면서 대응해 왔던 것입니다. 그들은 소리 높여 팡파레를 울리거나 자신의 모습이 주목의 대상이 되게 하지 않았고, 기껏해야 자신들의 선택이 매우 제한된 것이었다고 주장하는 정도였습니다.

우리들은 일본인의 논리를 무시해서는 안 됩니다. 새로운 시대적 추세에 따라 세계 질서 안에서 일본의 대외 의존도는 한층 높아졌습니다. 수입 의존도가 높은 일본은 계속 주요한 생산품의 최대 수입국이 되었습니다. 미국이 일본을 상회하는 유일한 예외는 석유 수입량입니다. 이것은 일본에서는 에너지 총수요의 80%가 수입된 석유로 충당되고 있고, 석탄도 60%나 수입에 의존하고 있습니다. 미국의 경우 수입된 석유의 대부분이 국내에서 소비되는 것과는 달리 일본에서는 수입된 석유가 생산에 사용되어 모든 수출제품의 기반이 되었습니다. 1972년에 일본의 석유 소비량은 3억킬로리터인데, 이것은 같은 해 세계 석유 총 소비량의 10%에 해당됩니다. 석유 파동 전까지는 일본의 석유 소비량은 5년 내지 6년을 주기로 3배씩 증대될 것이라는 예측조차 있었고, 페르시아만과 도쿄만을 잇는 바다는 수 해리 간격으로 일본의 거대 유조선이 길게 늘어서 있을 것이라고 예언하는 사람들도 있을 정도였습니다. 따라서 1973년의 중동전쟁 및 계속해서 일어난 석유 파동이 일본인에게 강한 위기감을 준 것은 오히려 당연한 것이었습니다.

높은 에너지 해외 의존도와 제품의 판로를 해외 시장에서 구할 필요성 등을 함께 고려할 경우, 일본의 국제지향성이 그 어느 때보다도 강해진 것, 엄청난 수에 달하는 일본인이 해외에 진출하게 된 것, 그리고 자급자족 경제권 확립 구상과 지역지배권 확립 구상 등이 완전히 자취를 감추어 버린 것 등은 모두 결코 놀랄 필요도 없는 현상인 것입니다. 자급자족 경제권 구상은 1930년대에는 나름대로의 의미가 있었습니다. 왜냐하면 당시 아시아의 대부분은 식민지제국주의의 지배하에 놓여 있었기 때문이고, 열강의 경제적 민족주의로 인해 일본은 해외 시장을 확대하는 데 어려움을 겪었기 때문입니다. 덧붙인다면 일본이 필요로 한 원료의 공급에도 한계가 있었기 때문에, 이시와라 장군과 같은 일본의 기획자들이 이 문제의 해결을 도모했던 것입니다. 그러나 오늘날의 시대적 추세에서는 경제적인 자급자족권 확립을 지향하는 정책은 무의미해져 버렸습니다.

세계 질서도 마찬가지로 바뀌었습니다. 그래도 세계 질서 변화의 최종적 결말이 어떻게 될 것인가는 아직 분명하지 않습니다. 나라마다 제국 확립을 지향하며 싸운 시대는 초대국(超大國) 지배의 시대로 바뀌었고, 더욱이 오늘날의 초대국 지배는 점차 다극 구조 세계에 가까워지고 있습니다. 현재는 초대국이라고 해도 취할 수 있는 선택의 폭에는 엄격한 한계가 있고, 또한 OPEC(석유수출국기구)로 상징되듯 1차 생산품 생산국도 스스로가 갖고 있는 힘을 발견하게 되었습니다. 강대국의 경우에도 약소국의 협력이 필요해진 것입니다.

가장 중요한 것은 일본의 경우 어느덧 본보기로 삼을 만한 모델

국가가 없어져 버렸다는 사실일 것입니다. 일본에게 중요성과 존재의 선명도라는 점에서는 여전히 미국이 필두의 지위에 있다는 것은 의문의 여지가 없습니다. 그러나 미국의 힘과 지혜에 한계가 있다는 것은 베트남전쟁과 워터게이트사건을 비롯하여 최근의 경제 부진에 이르기까지의 일련의 현상에서 분명하게 나타나고 있습니다. 유럽도 해외 여행 및 문화라는 점에서 변함없이 일본인의 관심의 초점이기 하지만, 예전과 같이 제도나 기구 등을 배우는 대상은 이제 아닌 것입니다.

아마도 가장 흥미깊은 것은 일본인의 중국관의 변화일 것입니다. 앞에서 제시하였듯이 일찍이 일본은 중국의 척도에 의해 자신을 규정하기까지 하였습니다. 먼저 중국 문화가 최상이었던 시대에는 자기부정적 태도로 이어지는 강한 열등 의식이 보였습니다. 다음으로 근대화라는 관점에서 중국을 평가하게 되자 열등 의식은 점차 줄어들고, 보다 긍정적인 자기 인식이 나타나게 되었습니다. 제2차 세계대전 후에는 모택동이 지배하는 중국이 다시 일본인의 예찬의 대상이 되었습니다. 그러나 이것은 좌익들에 한정된 것이었습니다. 이윽고 새로운 중국의 현실이 알려지게 되면서, 대륙의 이웃과의 사이에 문화적 · 제도적으로 큰 격차가 있다고 확신하는 일본인의 수는 더욱더 많아졌습니다. 그리고 열광적 중국 숭배자를 제외한다면, 모든 일본인들은 대실패로 끝난 문화대혁명의 불합리성을 보고 중국에 환멸을 느끼게 되었던 것입니다. 그럼에도 불구하고 정치적 신조와 사상적 입장에 상관없이 많은 일본인은 대만과 북경에 대한 미국의 정책에 구속될 수밖에 없다고 생각하고 이를 추종함으로써 거대한 힘을 가진 이웃과 멀어지는 것을 우려하였던 것입니다. 일본의 중국 정책은 미일안보조약과 연결되어 있었기 때문에 국내 정치에서 오랫동안 의견이 분분하였던 문제였습니다.

닉슨과 키신저가 미중 관계 정상화를 위해 노력한 것은 일본으로 하여금 종래의 중국 정책을 소리없이 묻어버리게 하였습니다. 갑작스럽게 다나카 수상이 베이징으로 날아가서 종래의 대만 관계와 베이징 관계를 한꺼번에 역전시킨 닉슨보다 더 놀라운 정책을 단행했던 것입니다. 미국이 일본과 사전 협의 없이 중국 접촉을 결행했던 것은 확실히 일본의 분노를 사는 결과를 초래했습니다. 그러나 미국의 이러한 행동에서 가장 큰 이득을 얻은 곳은 사실 일본이었던 것입니다. 미국의 돌발 행동으로 인해 갑자기 더 이상 일본 국내 정치에서 중국 문제에 관한 의견 대립은 더 이상 존재하기 않게 되어 버렸기 때문입니다. 1978년에 브레진스키가 미중 정상화를 위한 구체적 방책을 논의하기 위해 베이징을 방문하자, 뒤이어 일본의 외무대신도 베이징을 방문하여 일중 평화우호조약 체결에 관해 구체적으로 논의하게 되었습니다. 이 조약은 1978년에 조인되었습니다. 그리고 이에 따라 1930년대부터 계속된 일본과 중국 사이의 전쟁 상태는 최후의 흔적마저 사라지게 되었던 것입니다. 같은 해에 일본과 중국은 장기 통상협정에 합의하였고, 이에 따라 일본은 공업 제품을 중국에 제공하는 대신에 중국의 석탄과 석유를 대규모로 수입할 수 있게 되었던 것입니다. 그에 따라 중국에 가는 일본인 여행자와 기업인이 큰 흐름을 이루게 되었고, 또한 일본은 중국의 최대 무역상대국이 되었습니다. 중국과의 무역이 증대함에 따라 선진국과의 무역이 감소할 것이라고 생각하는 일본인은 거의 없었습니다. 한편, 중국과의 관계가 갖는 경제적 · 정치적 중요성 때문에 일본은 소련과 관계를 밀접하게 하는 것에 대해서는 매우 신중하게 되었지요. 특히 소련이 제2차 세계대전의 종결기에 점령했던 북방 영토를 둘러싼 문제에 관해 경직된 태도를 취한다면, 일본은 앞으로도 소련과의 관계에 신중하게 대처하겠지요. 과거 한 세기에 걸친 일본인의 소련에 관한 반응을 특징지어 온 것은 공포와 혐오가 뒤섞인 감정이었는데 이러한 감정에는 변화의 조짐이 거의 보이지 않습니다.

마찬가지로 흥미깊으면서도 어려운 것은 일본이 앞으로 동남아시아나 남아시아에 대해 취하게 될 태도를 예측하는 것입니다. 이러한 예측을 시도하는 것은 현지 사람들의 자존심이 얼마나 상처받기 쉬운 것인가를 일본이 비교적 짧은 시간에 배우게 되었다는 것을 밝히는 것입니다. 다른 나라들의 경우에는 상당히 긴 시간을 필요로 했던 과정이었습니다. 1974년에 다나카 수상이 동남아시아의 몇몇 나라를 순방하였는데, 일본의 수상을 맞이하는 현지의 반응은 일본과 각 나라의 관계에서 문제가 되는 것이 무엇이냐를 말해 주는 것이었습니다. 다나카 수상은 가는 곳마다 일본의 거만함 · 이기주의 · 차별주의 · 분리주의 등에 대한 현지 사람들의 불만과 마주쳤던 것입니다. 한편, 일본의 수상이 동남아시아 각지에서 이러한 대접을 받았다는 것에 대한 일본 국내 매스컴의 반응은 아주 흥미로운 것이었습니다. 변명이나 자기변호의 말은 거의 들리지 않았고, 오로지 일방적으로 자신의 잘못을 인정하고 반성하고 앞으로 개선하겠다는 맹세의 계기로 삼았던 것입니다. 그때부터 교육 원조 · 개발 원조, 그리고 진정한 의미에서의 문화 외교가 아주 차근차근 착실하게 전개되어 일본과 동남아시아 국가들의 관계는 크게 진전되었던 것입니다. 그리고 1977년에 동남아시아 국가회의에 참석한 후쿠다(福田) 수상은 마닐라에서 일본이 동남아시아에 대해 새로운 그리고 보다 책임있는 자세로 전환할 것임을 명확히 밝혔습니다.

본 강연은 가까운 장래의 국제 환경이 일본에게 어떠한 결단의 가능성을 부여할 것인지를 검토해 보는 것으로 마무리를 지으려고 합니다. 1억 2천만 명이 생활하는데 필요한 식량과 복지를 함께 배려하려고 한다면, 어떠한 정권도 무시할 수 없는 배려는 과연 어떠한 것일까요?

먼저 일본과 미국의 관계가 계속 중요하다는 것은 확실하고, 특히 경제적 측면의 중요성은 이미 지적한 바와 같습니다. 여러 자유주의 경제 국가에 소비재를 공급하기 위해 세계 무역이 확대되어야 한다는 점에서 일본과 미국 양국은 기본적으로 공통적인 관심과 이해를 갖고 있습니다. 그러나 일본과 미국의 관계와 같이 대규모적이고 다방면에 걸친 양국 관계에는 협력과 동시에 미증유의 마찰도 생길 수 있는 소지가 포함되어 있습니다. 그리고 양국을 나누어 놓는 문화 및 언어의 격차는 문제 해결 노력을 어렵게 하는 요인이 되기도 합니다. 그러나 일본 국내에서는 사회적 변화가 진전되어, 낡은 유통 시스템과 같이 시대에 뒤떨어진 선거 제도와 얽혀 있어서 수입촉진 노력의 저해 요인으로 작용해 왔던 제도상의 여러 장애 요인은 계속 감소하고 있습니다. 한편, 미국에서는 실업 증대와 경제 부진이 특정 지역에서 집중적으로 발생하고 있고, 이는 미국의 국민들 사이에서 아직 남아 있는 일본 제품의 성공에 대한 분노와 공명하는 현상으로 나타나곤 합니다. 그러나 장기적 관점에서 보면, 양국의 소비자 이익이 이러한 마찰을 완화하는 힘으로 작용하게 되겠지요. 그리고 다른 새로운 문제도 발생하게 되겠지요. 정치가와 매스미디어 관계자들은 전후 일본과 미국의 관계가 경이적 성공을 이루어 냈다는 전례에 따라 마찰의 문제를 처리해야 한다는 중대한 책임을 가지고 있습니다.

방위에 관해서도 일본과 미국 양국의 이해는 일치했던 것입니다. 일본은 미국과의 연결을 위해 아시아의 거대한 이웃과 멀어지는 것을 오랫동안 걱정해 왔습니다. 그러나 중국의 입장에서 본다면, 일본과 미국의 연결은 소련에 대한 견제가 되기 때문에 환영하는 반응을 보였고, 이에 따라 일본의 염려는 해소되어 버렸습니다. 또한 이 결과 자위대와 일본 국내의 미군 기지를 둘러싼 장기적 정치 논쟁은 양자의 존재 가치를 긍정하는 국민적 합의가 서서히 형성되는 상황으로 이행되었습니다. 그 결과 집권 정당인 자민당의 절대 다수가 장기적으로는 퇴조하는 경향에 있다고 하더라도, 이에 따라 일본의 외교 및 방위 정책이 영향을 받게 될 가능성은 없어져 버렸습니다. 만약 필요하다면 보수파는 그들과 같은 생각을 갖고 있는 야당과 손을 잡고 연합 정권을 만드는 것이 그다지 어렵지 않게 되었기 때문입니다.

일본과 미국의 관계에는 매우 중요한 또 다른 측면도 몇 가지 있었습니다. 일본의 전후 개혁기에 대표제 민주주의를 비롯한 일련의 제도가 확립되었는데, 이들 제도의 유형은 일본과 미국 양국 사회에 공통성을 부여하는 중요한 요소가 되었습니다. 일본에서는 미국식 제도 유형은 곧 바뀔 것이라는 예측이 반복해서 나타났습니다. 그러나 민주주의를 기초로 한 여러 제도의 영속성과 이에 대한 국민의 일반적 지지가 일본 정치 내부에 정착됨으로써 이러한 예측은 점차 자취를 감추었습니다.

그러나 새로운 세대가 보여 주는 강한 감수성과 국가인식에서 본다면, 일본이 민주주의 제도의 유형을 계속 유지하는 조건은 아마도 미국과의 연결을 어느 정도까지 자유롭게 줄일 수 있는지에 달려 있다고 생각됩니다. 미국은 닉슨 쇼크와 일본에 대한 콩수출 금지 정책, 나아가서는 무역 교섭에서 이따금씩 나타내는 질책적 태도 등으로 일본이 미국으로부터 벗어나는 것을 도와주었습니다. 한편 일본도 수출 조정과 수입 촉진을 하는 과정에서 미국의 요구에 대하여 정부나 매스미디어가 완강한 저항을 나타냄으로써 일본 나름대로 미국으로부터 독립하려고 노력하고 있습니다. 일본과 중국의 국교 정상화도 미국과의 연대를 떠나서 독자적으로 행동하기 위한 새롭고 중요한 기회를 일본에게 부여하였습니다. 그리고 일본 경제가 근린 국가들의 경제를 압도하는 입장은 이러한 기회를 한층 확장시키고 있습니다. 국제 석유 시장에서 나타나는 최근의 변화도 일본이 미국으로부터 벗어나서 독자적으로 에너지 정책을 전개하는 것을 처음으로 가능하게 하고 있습니다. 이것들 하나 하나는 미국이 갖고 있는 군사력 · 경제력 · 제도 구조 등에서 볼 때 일본이 미국과 밀접한 관계를 유지하는 대신에 일본에게 현실적인 선택을 부여하는 것이 되지는 않았습니다. 그러나 전체적으로 보면 1950~1960년대의 일본 내의 논조에서 나타났던 자기 회의와 좌절의 강한 근거였던 고립감과 추종자 의식을 새로운 일본과 미국의 관계에서 제거해 버리는 것이 되는 것입니다.

이렇게 본다면, 일본의 진정한 쇄신 및 재편성을 위한 선택은 너무나 한정되어 있는 것처럼 생각됩니다. 과거 20년간에 걸쳐서 우리들은 일본의 지식인들이 한 시대가 막을 내리고 있다고 논하는 것을 자주 들었습니다. 점령 시대가 끝났다, 재건의 시대가 끝났다, 미국의 지도에 대한 반발이 시작되고 민족주의 감정이 다시 개화하는 시대가 도래한다, 보수 지배의 시대가 끝나고 있다 등등을 반복적으로 논했습니다. 이러한 논의의 배후에는 현재의 권력 관계의 질서와 정책의 우선 순위가 일시적이고도 부자연스러운 것이므로 이윽고 대변화가 시작된다는 암묵적 상정이 있습니다. 국제 사회에서 높은 지위를 확립하고 국제적으로 인정받게 되는 것을 목표로 지난 세기에 끊임없이 노력을 기울여 왔는데 이제까지 달성한 것 이상의 지위를 획득하려면 더욱더 노력을 기울어야 한다는 상정이 있었다는 것입니다. 다시 말해서 일본의 민족주의를 주장하는 사람들이 생겼던 것입니다.

이러한 상정을 구체적으로 뒷받침하는 증거는 많습니다. 일본이 현재의 국제 사회에서 새로운 중요성을 갖게 되었다는 사실에 대해 일본인들은 종래보다 훨씬 큰 만족감을 느끼고 있습니다. 전쟁과 패전이라는 시련을 경험할 기회가 거의 없었던 세대는 선배 세대의 신중한 태도에 혐오감을 느끼기 시작하고 있다고 말하는 보수파 국회의원도 있습니다. 또한 국가 위신과 관련된 문제에 대해 신문은 어느 정도 일본의 과거 역사를 시사하고 있습니다. 미군 기지의 존재와 핵무기 탑재 미항공모함의 기항을 둘러싼 문제는 여전히 신문의 공격 목표인데, 방위 문제에서 외국 의존도를 낮추기 위해 군사 산업을 진흥해야 한다는 요구도 있습니다. 경제가 계속 부진하게 된다면 무기 수출 시인론이 강화될지도 모릅니다. 원래 일본의 재군비를 강하게 반대해 온 중국에서도 일본은 계속적으로 미국에 의존하기보다 재군비를 하는 편이 바람직하다고 논하게 되었습니다. 한반도에서 다시 전쟁이 발생하거나 이에 필적할 위협이 생긴다면, 일본은 진정한 경계 체제를 채택하게 되겠지요. 그리고 이는 한편으로는 보수파가 방위력 증강 요구를 강화하고 다른 한편으로는 혁신파가 중립평화주의 노선을 한층 강하게 요구하게 되어, 일본의 정치적 안정은 무너지게 될지도 모릅니다.

이것은 모두 시대적 추세는 변할 수 있다는 것을 의미합니다. 세계 경제가 비정상적으로 하향하거나 혹은 일본 내외의 정치 지도자가 믿기 어려울 정도로 근시안적인 정책을 채택하게 된다면, 일본에서 대변화가 야기될 가능성은 반드시 있습니다. 그러나 일본 근대사에서 국내적 대변화를 필요로 했던 예는 보이지 않습니다. 국제 사회에서 인정받는 것을 목표로 한 백 년에 걸친 노력은 성공을 거두었습니다. 그리고 그전에는 칼을 허리에 찬 사무라이의 지배하에 있으면서 수 세기에 걸친 평화가 계속되었던 것입니다. 일본의 역사에는 온건주의와 군국주의의 뿌리가 공존하고 있습니다. 그러나 오늘날에는 군국주의로 치닫는 것을 통해 해외에서 얻을 수 있는 대가는 거의 없습니다.

일본의 지식인과 일본 연구를 하는 외국인 연구자들은 일본이 감당해야 할 역할을 계속 모색하고 있다는 글을 자주 쓰고 있는데, 이것은 일본이 현재의 역할을 결여하고 있다는 인식을 전제로 하고 있습니다. 그러나 내 생각으로는 오히려 일본은 이제까지 오랫동안 유지해 왔던 역할을 재발견하고 있는 것이라고 생각합니다. 그리고 일본인은 그 밖의 다른 역할에 대한 국민적 합의가 없었기 때문에 이를 받아들여 온 것 같습니다. 그러나 바야흐로 그 역할은 독자적 현실이 되었고, 또한 적극적인 국민적 합의가 생기게 된 것입니다. 역할을 찾는 욕망의 일부는 어떠한 형태의 독자성과 특이함을 만들어 낼 필요성에 뿌리 내렸던 것입니다. 그러나 재군비 정책과 군비증강 정책에는 독자성과 새로움은 전혀 없습니다. 일본의 특이함은 많은 군비를 갖지 않고 세계의 주요 세력 중의 하나가 되었다는 사실에 있는 것입니다. 어렵지 않게 확대 지향형의 대국을 만들 수 있음에도 불구하고 스스로 그것을 부정했던 것, 그리고 비싸게 들 뿐만 아니고 언젠가는 환상에 불과하다는 것이 판명되는 군비에 의한 안전 보장을 택하지 않고, 이른바 지뢰원을 피해서 신중하게 길을 골라서 나아가는 방법을 채택한 것이야말로 일본의 특이함이라고 할 수 있습니다. 그리고 일본의 이 같은 행동은 시대적 추세에 적합한 것입니다. 세계의 정상 국가 중에서 일본은 유일하게 적을 만들지 않은 나라입니다. 일본은 무장 배치와 지역 군사 동맹에 의해 포위되지 않은 유일한 정상 국가입니다. 세계의 정상 국가 중에서 기간 산업의 공장과 그 주변을 군대가 경비할 필요가 전혀 없는 나라로는 일본밖에 없습니다. 주변국으로부터의 위협이 없는 정상 국가도 일본뿐입니다. 그것은 일본의 주변국들은 모두 최근의 승리에 만족하는 나라들이기 때문입니다. 일본 사회의 제도와 기구는 민주주의와 평화라는 가치를 전제로 한 것이고, 일본은 선진국뿐만 아니라 발전도상국도 괴롭히는 환경 문제와 개발 문제에 여력을 쏟을 수 있는 나라입니다.

제1부 및 제2부에서는 장년 시대의 견문과 행적을 만년에 회고록으로 남긴 특정 개인에게 초점을 맞추어서 이야기를 진행하였습니다. 스기타 겐파쿠는 서적을 통해서 일본의 양학 발전사를 확인하였고, 구메 구니타케는 일본이 처음으로 접하고 그 일원이 되고자 한 세계, 일본이 본받아야 할 세계를 직접 체험하였습니다. 이

두 사람의 회고록에 필적하는 체험록을 전후 지도자들의 회고록에서도 찾아낼 수 있겠지요.

이미 언급했던 마쓰모토 시게하루도 회고록을 썼습니다. 마쓰모토가 본 것과 행한 것은 어떤 것이었을까요? 마쓰모토는 1899년에 태어나서 도쿄대학을 졸업하고 대학에 남아서 학문의 길에 들어가기로 뜻을 세웠습니다. 그러나 1923년에 간토(關東)대지진으로 대학의 연구실과 집이 불타 버렸고, 마쓰모토는 미국의 예일대학에 유학하게 되었습니다. 약 2년에 걸쳐 미국에 체류하면서 그는 뉴욕에서 찰스 비어드(Charles Beard) 박사에게서 식견을 인정받았고, 일본과 미국의 관계에서 핵심적인 문제는 중국이라고 확신하게 되었습니다. 마쓰모토는 유럽으로 건너가서 공부를 계속했습니다. 그런데 1927년에 금융 공황이 일어나서 숙부가 경영하였던 조선소가 경영난에 빠지자 귀국하도록 요청을 받았습니다. 일본에 돌아온 마쓰모토는 장래의 직업에 대하여 진지하게 생각하여 국제 저널리스트에 뜻을 두게 되었습니다. 마쓰모토가 생각했던 국제 저널리스트는 오늘날의 국제 문제 전문가와 같은 것이었습니다. 마쓰모토는 먼저 도쿄대학에 돌아와서 정치학과 미국 연구에 힘을 쏟았습니다. 그러나 도쿄대학에 신설되기로 예정되었던 미국 연구 강좌가 국가 재정난에 의한 예산 삭감으로 흐지부지되어 버렸습니다. 그래서 도쿄대학에서 미국 연구를 진행하는 것을 단념할 수밖에 없었던 마쓰모토는 태평양문제조사회(Institute of Pacific Relations)의 교토회의 · 상해회의를 돕는 등의 일을 한 후, 동맹통신의

마쓰모토 시게하루

상해 지국장으로 중국에 부임하였습니다. 드디어 그는 "일본과 미국의 관계에서 핵심적 문제는 중국이다"라는 비어드 박사의 경고를 실천할 기회를 얻게 된 것입니다. 상해 시대의 마쓰모토는 먼저 장개석, 다음에 왕조명 등을 상대로 일본의 화평 공작을 계획하고 적극적인 역할을 추진하였습니다. 6년간에 걸친 상해 체류를 마치고 귀국한 마쓰모토는 고노에(近衛) 수상의 참모가 되어 개전을 피하기 위해 필사적으로 노력하였습니다. 전쟁이 끝나고 일본이 미국의 점령하에 놓이자, 마쓰모토는 일시적으로 추방되어 변호사 업무로 생계를 이으면서 작은 신문을 발간하기도 하였습니다. 그리고 일본과 해외의 학술 및 문화 교류를 촉진하기 위한 '국제문화회관'을 설립하는 운동에 주도적으로 참여하였습니다. 국제문화회관은 1955년에 개관되었는데, 마쓰모토는 여기를 본거지로 하여 중국 정책에서 일본과 미국의 격차를 메우는 일에 특별한 노력을 기울였습니다. 그러나 마쓰모토의 이러한 노력이 결실을 맺은 것은 앞에서 언급했듯이 1970년대까지 기다려야만 했습니다.

도쿄에서 마쓰모토의 존재는 오랫동안 상당한 영향력을 발휘하였습니다. 그의 이름은 일본에서 가장 영향력이 있는 사람들의 목록에는 반드시 들어 있습니다. 구메는 일본이 약소국에서 강대국으로 상승하는 것을 경험했다고 한다면, 마쓰모토가 속한 세대가 본 것은 일본의 파멸과 파멸에서 급속하게 회복한 과정이었습니다. 구메와 마쓰모토는 만년에 일본 사회의 변화를 회고하고 일본이 힘을 얻어서 더욱더 세계를 향해 열린 나라가 되어가는 것을 굽어보면서, "나는 그것을 보아 왔다. 사실 그렇게 되는 것을 내가 도운 것"이라고 말할 수 있었던 것입니다.

일본이 세계에서 건설적인 역할을 하게 될 것이라는 구메의 기대는 그가 회고록을 쓰던 중에 일찌감치 무너져 버렸습니다. 이에 비해 전후의 온건 지도자들의 기대는 보다 든든한 기초로 뒷받침되었습니다. 그러나 그들의 국제 경험을 진정한 국제 의식 형성에 연결시키는 데에 현대의 일본인이 소극적인 태도를 취한다면, 일본의 장래를 낙관하는 사람들에게는 경고를 할 필요가 있을 것이고, 또 일본의 장래를 쉽게 예측하는 것을 삼가야 할 것입니다. 합리성을 근거로 판단해 본다면, 일본의 장래에는 일정한 길이 놓여 있습니다. 그러나 개인이든 국가의 경우이든 항상 합리적으로 행동하는 것은 아닙니다. 따라서 일본에서 이제 장년기에 들어서게 될 사람들이 과연 어떠한 회고록을 쓰게 될지 우리들은 관심을 기울여야 하는 것입니다. 이제부터의 일본의 전개, 국제 사회에서 감당할 역할, 시행착오 등에 대해서 그들이 쓰게 될 이야기는 장래의 세계가 어떻게 될 것이냐는 것에 대해서도 많은 것을 말해 주는 것이 되겠지요. 왜냐하면 일본이 강대국이 되어 영향력을 갖게 되었다는 사실에 미국은 이제서야 겨우 적응하기 시작했을 뿐이고, 앞으로 어느 정도의 속도로 또 얼마나 잘 적응할 수 있을지는 태평양을 사이에 둔 일본과 미국 양국의 장래를 규정하는 것이 되기 때문입니다.

역자 후기

과거에서부터 오늘날까지 이어지고 있는 한국과 일본의 불협화음적 관계를 우여곡절이라고 곧잘 표현하곤 한다. 세계화의 추세가 놀랍도록 빠르게 진행되는 오늘날, 우리는 일본과의 관계를 보다 조화롭게 변화시켜야 하는 시점에 와 있다. 이웃 나라 일본을 바로 이해하는 방법을 모색해야 하는 과제를 안고 있는 것이다. 일본은 우리가 잘 알고 있는 나라 중의 하나라고 별다른 의심 없이 생각해 버리는 경향이 강하기 때문에, 이 과제는 더욱 복잡한 성질을 띠고 있다고 할 수 있다. 과제를 해결하려는 실마리는 우리에게 일본은 통념과 편견이라는 베일 속에 가려져 있는 특별한 외국이라는 사실을 인정하는 데에서 찾아야 한다. 이제 겹겹의 베일을 우리 스스로 만들어 놓았음을 먼저 인정하고, 그 베일을 벗기는 진지한 노력을 시작해야 하는 것이다. 이는 우리 자신의 정체감을 바로 정립하기 위한 미래지향적 작업의 하나라고 할 수 있다.

우리의 일본 이해가 객관성을 가질 수 있게 하기 위해서 우리는 일본 사람들의 자기 인식 및 서양 사회에서의 일본 인식에 대해 좀 더 관심을 기울일 필요가 있다고 생각된다. 그런 의미에서 일본 연구의 대가인 마리우스 B. 잰슨의 저서 *Japan and Its World–Two*

Centuries of Changes(Princeton University Press, 1980; 1995 재판)는 우리의 독자에게 소개할 만한 충분한 가치가 있는 책이다. 이 책은 근현대 일본의 역사적 흐름의 파악을 주제로 실시된 강연을 책으로 만든 것이다. 강연이기 때문에 반복되는 내용이 가끔 있기도 한데, 오히려 전체적인 맥락에 관한 이해를 높여 주는 효과가 있다고 생각된다.

역사의 역동성을 꿰뚫어 보는 통찰력으로 일본의 근대와 현대는 불연속적인 측면을 내포한 연속적 흐름이라는 것을 밝혀 내는 것이 이 책의 논지이다. 일본은 외부 세계와의 만남의 과정에서 마찰과 충돌을 가급적 최소화하면서 전통성과 근대성을 조화시키는 주체적 역사를 형성해 왔다는 일관된 관점에서 일본의 근대화 과정을 재해석하고 있다. 외부 세계에 대한 일본 사람들의 의식의 변화를 역사적 전환기를 삶 속에서 전면적으로 경험한 세 인물인 스기타 겐파쿠 · 구메 구니타케 · 마쓰모토 시게하루의 회고록을 통해 생생하게 되살린 전개 방법은 매우 인상적이고 흥미를 불러일으키기에 충분한 것이다. 구체적 사실과 역사적 흐름의 유기적 관련성을 보여 주고자 노력한 흔적들은 여러 곳에서 발견되고, 역사를 형성하는 주체적 동인을 탐구하는 학문적 열정에는 감탄이 절로 나온다.

전체적인 내용을 보면, 탁월한 역사가의 안목으로 도쿠가와 시대에서부터 오늘날에 이르기까지 200년 동안 일본이 외부 세계와 맺어 온 관계의 성격 및 변화가 매우 생동감 있게 분석되어 있다.

오랫동안 일본을 압도해 온 중국이라는 거인이 서서히 뒤로 물러나면서 서양에게 자리를 내어 주기까지의 역사적 과정을 추적하고 있다. 서양에서 들어온 근대적 지식과 과학이라는 도전에 적절하게 대응하여 일본에게 적합한 서양 모델을 만들어 내기에 이르른 것이다. 특히 1870년대에 서양에 파견한 사절단에 주목하여 참가자들의 의식의 변화에 초점을 맞추어서 세계관의 변화에까지 영향을 미쳤다는 사실을 면밀한 관찰을 통해 밝혀 내고 있다. 그 후에도 전환기의 역사적 부침은 계속되어 20세기에 들어서서 일본이 전쟁에 개입되어 가는 과정에 직접 · 간접으로 관련된 사람들의 의식과 행동의 변화가 잘 포착되어 있다. 패전 후 경제 대국이 되기까지의 경제적 부흥에 관한 부분은 대략적인 설명에 머물고 있는 듯한 느낌이 들기도 하지만, 역사적 흐름의 방향성만은 드러나 있다.

잰슨의 이 책을 처음 읽어 보고 난 후 우리 말로 옮기는 작업에 내가 적임자가 아니라고 생각되어 망설이기도 했었다. 역자의 주된 관심은 현대 일본 사회의 변동이므로 도쿠가와 시대와 메이지 시대에 관한 내용에는 다소 생소한 부분도 있었기 때문이었다. 그런데 일본의 근대화 과정에 관한 파악은 오늘날의 일본 사회의 여러 모습들을 올바로 이해하는 데 반드시 짚고 넘어가야 할 부분이라는 것을 새삼 깨달으면서 번역 작업에 착수할 수 있었다.

문장 하나 하나를 정독하여 우리 말로 바꾸어 나가면서 일본이 외부 세계와 만나 가는 과정에서 고민과 갈등을 거쳐서 새로운 사회 질서를 만들어 나가는 역사적 변화가 눈앞에 전개되는 것을 느길 수 있었고, 오늘날의 일본에 관심을 가진 사람이 인식의 지평을 넓히는 데 도움이 되는 책이라는 확신도 생겼다. 이 책은 오늘날의 국제 사회 속에서 일본은 어떤 정체성을 가지고 있는지를 생각해 보는 기회를 제공하고, 또한 앞으로 일본과 어떻게 사귀는 것이 현명한 것인가를 모색하는 데 귀중한 참고가 된다고 생각된다.

그리고 삶의 모습으로서의 역사는 오늘날의 사회 인식에 의미 있는 시사를 던져 주고 있다는 것을 일깨워 주는 역사가의 연구 작업에 감사하는 마음이 커졌음을 고백한다. 역사는 단순한 시간적 흐름을 넘어서는 것인데, 다양한 개인들의 삶이 엮어져서 방향성과 의미를 내포한 흐름을 형성해 나가는 것임을 다시 한 번 되새겨 보게 되었다.

번역 과정에서는 본문의 내용을 충실하게 전달하는 데에 중점을 두었고, 본문에는 없지만 독자의 이해를 돕기 위해 각주의 형태로 보완적인 설명을 덧붙였다. 또한 표기 방법에서는 일본 고유의 인명이나 지명 등은 일본어 발음의 한글 표기를 원칙으로 하였으나, 한국에서 통용되고 있는 용어의 경우에는 한국어 발음대로 표기하였다. 두 경우에 한자 표기는 괄호 안에 넣어서 병기하였다. 또한 원저서에서 잘못 표기된 부분이나 역사적 사실에 관련하여 잘못된 기록은 바로잡은 곳도 있음을 밝혀 둔다. 나름대로 노력을 기울였지만 이해하기 쉬운 우리 말 표현으로 부족한 점이 있고, 또한 오역이 있지나 않을까 우려되기도 한다. 잘못된 사항이 발견되면 기회가 닿는 대로 정정하고 주석도 보완하고자 한다.

끝으로 역자에게는 조금 벅찼던 과제를 해결하는 과정을 통해 생각의 폭을 스스로 넓혀 갈 수 있는 기회를 주신 김진만 선생님, 지명관 선생님께 머리 숙여 깊은 감사를 드린다.

■참고문헌

Blacker, Carmen, *The Japanese Enlightenment: A Study of the Writings of Fukuzawa Yukichi*(Cambridge: At the University Press, 1964).

Borg Dorothy and Shumpei Okamoto, eds., *Pearl Harbor as History: Japanese-American Relations 1931~1941*(New York: Columbia University Press, 1973).

Butow, Robert J. C., Tōjō and the Coming of the War(Princeton: Princeton University Press, 1961).

Conte, James T., "Overseas Study in the Meiji Period: Japanese Students in America, 1867~1902"(Princeton University dissertation, 1977).

Craig, Albert, ed., "On Cultural Borrowing," *Japan: A Comparative View*(Princeton University Press, 1979).

Dilworth, David and Umeyo Hirano, *An Encouragement of Learning* (Tokyo: Sophia University, 1969).

Dower, J. W., *Empire and Aftermath: Yoshida Shigeru and the Japanese Experience, 1878~1954*(Cambridge: Harvard University Press, 1979).

Feuerwerker, Albert, Rhoads Murphey and Mary C. Wright, eds., "Japanese Views of China During the Meiji Period," *Approaches to Modern Chinese History*(University of California Press, 1967).

Haga, Tōru, "Meiji shoki ichi chishikijin no seiyō taiken(The Western experience of an early Meiji intellectual)," in *Shimada Kinji Kyōju kanreki kinen rombunshū: Hikaku bungaku hikaku bunka*(Comparative Literature and Comparative Culture: Essays for the Sixtieth Birthday of Professor Shimada Kenji)(Tokyo: Kobundo, 1961).

______, *Sugita Gempaku, Hiraga Gennai, Shiba, Kokan*(Tokyo, Chuo Koron, 1971).

______, *Taikun no shisetsu: Bakumatsu Nihonjin no Seiō taiken*(The Shogun's Missions: the Experience of Late Tokugawa Japanese in the West) (Tokyo: Chuō Kōrōn, 1968).

Harootunian, Harry. D., "The Function of China in Tokugawa Thought," in Akira Iriye, ed., *China and Japan: Their Mutual Interaction* (Princeton University Press).

Hata Ikuhiko, "Origins of Japan's Post-war Rearmament," for the Conference on Security Arrangements in Northeast Asia(Harvard University, June 1978).

______, *Shiroku Nihon saigunbi*(History of Japan's Rearmament, Tokyo, 1976).

Hirakawa Sukehiro, *Yōkyoku no shi to Seiyō no shi*(Tokyo: Asahi, 1975).

Ike, Nobutake, *Japan's Decision for War: Records of the 1941 Policy Conferences*(Stanford: Stanford University Press, 1967).

Inoki Masamichi, *Hyōden Yoshida Shigeru*(Tokyo: Yomiuri, 3vols., 1978~80).

Iriye, Akira, ed. *China and Japan: Their Mutual Interaction*(Princeton University Press).

Ishikawa Jun, *Nihon no meicho*(Tokyo: Chūō Kōron, 1970).
Jansen, Marius B., "Changing Japanese Attitudes toward Modernization," *Shimada Kinji Kyoju kanreki kinen rombunshū: Hikaku bungaku hikaku bunka*(Princeton: Princeton University Press, 1965).
______, "Japanese Views of China during the Meiji Period."
______, "Monarchy and Modernization," *Journal of Asian Studies, August* 1977.
Katō Shūichi, *Nihonjin no sekaizō*(The Japanese World View), in *Kindai Nihon shisōshi kōza*(Lectures on Modern Japanese Thought)(Tokyo: Chikuma Shobo, 1961).
Keene, Donald, *The Battles of Coxinga* in *Major Plays of Chikamatsu* (New York: Columbia University Press, 1961).
______, *The Battles of Coxinga*(London: Taylor's Foreign Press, 1951).
______, *The Japanese Discovery of Europe, 1720～1830*(Stanford: Stanford University Press, 1969).
______, *The Japanese Discovery of Europe: Honda Toshiaki and other Discoverers, 1720～1798*(1952).
Kiyooka, Eiichi, *The Autobiography of Fukuzawa Yukichi*(Tokyo, Hokuseido, and New York: Columbia University Press Editions).
Kume, *Tokumei zenken taishi Bei-Ō Kairan jikki*(A True Account of the Tour of the Special Embassy to America and Europe)(Tokyo, 1878, and recently republished with notes by Tanaka Akira from Iwanami, Tokyo, 1977).
Ma, Eikoh, "The Impact of Western Medicine on Japan. Memoirs of a Pioneer, Sugita Gempaku, 1733～1817," in *Archives Interna-*

tionales d'Histoire des Sciences(Paris, June and December 1961).

Matsumoto Shigeharu, "Matsumoto Shigeharu memoirs," *Shanhai jidai*(Shanghai Era) (originally published serially in *Rekishi to jimbutsu*(History and People)(Tokyo: Chuo Koron, 3 vols., 1974 and 1975 and in a single volume, 1977).

Matsumoto, Shigeru, *Motoori Norinaga, 1730~1801*(Cambridge: Harvard University Press, 1970).

Mayo, Marlene J., "Rationality in the Restoration: The Iwakura Embassy," in Bernard S. Silberman and Harry D. Harootunian, eds., *Modern Japanese Leadership*(University of Arizona Press, 1966).

_____, "The Western Education of Kume Kunitake, 1871~1876," *Monumenta Nipponica*, XXVIII, 1(Tokyo: Sophia University, 1973).

Miyoshi, Masao, *As We Saw Them: The First Japanese Embassy to the United States(1860)* (Berkeley: University of California Press, 1979).

Morley, James, ed., *Japan's Foreign Policy, 1868~1941: A Research Guide*(New York: Columbia University Press, 1957), p.98.

Morse, Ronald, "The Search for Japan's National Character and Distinctiveness: Yanagita Kunio(1875~1962) and the Folklore Movement"(Princeton University, 1974).

Nakai, Kate Wildman, "The Nationalization of Confucianism in Tokugawa Japan: The Problem of Sinocentrism," *Havard Journal of Asiatic Studies* 40:1(June 1980), 157~199.

Nakano Reishiro, 1934, *Kume Hakushi kujunen kaikoroku*(Tokyo, 2 vols.).

Ogata, Tomio(ed.), *Dawn of Western Science in Japan: Rangaku Kotohajime*(Tokyo, Hokuseido, 1969).

Peattie, Mark, *Ishiwara Kanji and Japan's Confrontation with the West*(Princeton: Princeton University Press, 1975).

Reischauer, Edwin O., *The Japanese*(Cambridge: Harvard University Press, 1977).

Sansom, G. B., *The Western World and Japan*(New York: Alfred Knopf, 1950 and later printings).

Soviak, Eugene, "On the Nature of Western Progress: The Journal of the Iwakura Embassy," in Donald H. Shively, ed., *Tradition and Modernization in Japanese Culture*(Princeton: Princeton University Press, 1971).

Takashi Oka, "Saionji and the Manchurian Crisis," *Havard Papers on China*(Havard University: Committee on International and Regional Studies, 1954).

Takeki, Osatake, *Iteki no Kuni e*(To the Barbarians' Countries) (Tokyo: Manrikaku, 1929).

Tanaka Akira, "Iwakura shisetsutai no Amerika kan," (The Iwakura Party's View of America) in *Meiji kokka no tenkai to minshu seikatsu*(Turning Points in the Meiji State and People's Lives)(Tokyo: Kobundo, 1975).

______, *Iwakura shisetsudam*(Tokyo, 1977).

Uno, Helen, *Kōkai Nikki: The Diary of the First Japanese Embassy to the United States of America*(Tokyo: Foreign Affairs Association of

Japan, 1958).

Yoshida, Tadashi, "The *Rangaku* of Shizuki Tadao: The Introduction of Western Science in Tokugawa Japan"(Princeton University, 1974).

Yoshida Kenichi, *The Yoshida Memoirs*(Boston: Houghton Mifflin, 1962).

Yoshikawa Kōjirō, ed., *Motoori Norinagashu*, in *Nihon no shiso*(Japanese Thought), Vol.15(Tokyo: Chikuma Shobo, 1969).

Yue-him Tam, "In Search of the Oriental Past: The Life and Thought of Naitō Korean(1866～1934)"(Princeton University dissertation, 1975).

Vogel, Ezra, *Japan as Number One: Lessons for America*(Cambridge: Harvard University Press, 1979).

Weinstein, Martin E., *Japan's Postwar Defense Policy, 1947～1968*(New York: Columbia University Press, 1971).

Wohlstetter, Roberta, *Pearl Harbor: Warning and Decision*(Stanford: Stanford University Press, 1962).

저자 / 마리우스 B. 잰슨(Marius B. Jansen, 1922~2000)
1943년 프린스턴대학교 졸업
1950년 하버드대학교에서 학위 취득
워싱턴대학교 · 프린스턴대학교 교수 역임
라이샤워의 제자, 미국에서 가장 저명한 일본 연구가. 도쿠가와 시대, 에도 막부 말기에서 메이지 시대까지의 일본 역사, 특히 사카모토 료마 연구로 유명.

역자 / 장화경(張和卿)
이화여자대학교 사회학과 및 동 대학원 졸업
일본 도쿄(東京)대학교 대학원 종합문화연구과 수사(修士) 및 박사과정 졸업(사회학 박사)
일본 와코(和光)대학교 강사 역임
현재 성공회대학교 일본학과 교수

한림신서 일본학총서 발간에 즈음하여

1995년은 제2차 세계대전이 끝나고 우리나라가 일본 식민지에서 해방된 지 50년이 되는 해이며, 한 · 일간에 국교정상화가 이루어진 지 30년을 헤아리는 해이다. 한일 양국은 이러한 역사를 되돌아보면서 앞으로 크게 변화될 세계사 속에서 동북아시아의 평화와 번영을 추구해야 하리라고 생각한다.

한림대학교 일본학연구소는 이러한 역사의 앞날을 전망하면서 1994년 3월에 출범하였다. 무엇보다도 일본을 바르게 알고 한국과 일본을 비교하면서 학문적, 문화적인 교류를 모색할 생각이다.

본 연구소는 일본학에 관한 자료를 수집하고 제반 과제를 한 · 일간에 공동으로 조사 연구하며 그 결과가 실제로 한 · 일관계 발전에 이바지할 수 있도록 노력하고자 한다. 그러한 사업의 일환으로 여기에 일본에 관한 기본적인 도서를 엄선하여 번역 출판하기로 했다. 아직 우리나라에는 일본에 관한 양서가 충분히 소개되지 못했다고 느껴지기 때문이다.

본 연구소는 조사와 연구, 기타 사업이 한국 전체를 위해야 한다고 생각하며 한 · 일 양국만이 아니라 다른 여러 나라의 연구자나 연구기관과 유대를 가지고 세계적인 시야에서 일을 추진해 나갈 것이다. 그러므로 누구나 열린 마음으로 본 연구소가 뜻하는 일에 참여해 주기를 바란다.

한림신서 일본학총서가 우리 문화에 기여하고 21세기를 향한 동북아시아의 상호 이해를 더하며 평화와 번영을 증진시키는 데 보탬이 되기를 바란다. 많은 분들의 성원을 기대해 마지않는다.

1995년 5월

한림대학교 일본학연구소